AF399162

L'Europe
de la
dernière chance...

©2018. Edico

Edition : JDH Editions pour Edico
77600 Bussy-Saint-Georges. France
Imprimé par BoD – Books on Demand, Norderstedt,
Allemagne

ISBN : 979-10-91879-51-4
Dépôt légal : Novembre 2018

Le Code de la propriété intellectuelle n'autorisant, aux termes de l'article L.122-5.2° et 3°a, d'une part, que les « copies ou reproductions strictement réservées à l'usage privé du copiste et non destinées à une utilisation collective », et d'autre part, que les analyses et les courtes citations dans un but d'exemple et d'illustration, « toute représentation ou reproduction intégrale ou partielle faite sans le consentement de l'auteur ou ses ayants droit ou ayants cause est illicite » (art. L. 122-4).
Cette représentation ou reproduction par quelque procédé que ce soit constituerait une contrefaçon sanctionnée par les articles L. 335-2 et suivants du Code de la propriété intellectuelle.

L'Europe de la dernière chance...

Manifeste pour une Europe plus transparente, plus sociale, moins libérale. Avant qu'il ne soit trop tard!

Jean-Louis Clergerie

JDH Editions
Essai

Retrouvez JDH Editions sur
www.jdheditions.fr

Paru chez JDH Editions

- Ce que votre banquier ne vous dira jamais, *de Jean-David Haddad. 2018*

- La révolution technologique qui va bientôt nous surprendre, *de Frédéric Granotier et Christophe Jurczak. 2018*

- L'intelligence artificielle va-t-elle nous tuer ? *de Jean-Claude Bourret. 2017*

- Les traders sont de vrais communistes, *de Benoist Rousseau. 2018*

- Monter sa SCI, c'est presque facile ! *de Christelle Poussier. 2018*

- L'économie ? Rien de plus simple, avec Jean-David Haddad. 2018

DU MÊME AUTEUR

- *La crise du Biafra* (préface de Bernard Kouchner), *P.U.F.*, Paris, 1994

- *Le principe de subsidiarité*, Coll. "Le droit en questions", *Ellipses,* Paris 1997

- *Le pouvoir judiciaire communautaire* (dir.) (préface de Jean-Pierre Puissochet), *P.U.L.I.M.,* Limoges 1999

- *Le renvoi préjudiciel*, Coll. "Le droit en questions", *Ellipses*, Paris 2000

- *Le système juridique de l'Union européenne* (avec Véronique Faure-Tronche), Coll. "Mise au point", *Ellipses*, Paris, 2004

- *Référendum : Les conséquences du non* (avec Gilbert Wasserman), *Editions d'Organisation*, Paris, 2005

- *Les politiques communes de l'Union européenne*, *Ellipses*, Paris, 2006

- *Droit communautaire*, « Mention Droit », Eyrolles, 2007, p. 275 à 294

- *L'Union européenne* (avec Annie Gruber et Patrick Rambaud), Précis Dalloz, 11e édition, 2016

- *ARTE, une réussite franco-allemande – Le défi juridique* (en collaboration avec Amandine Douniès), (préface de Roland Dumas), Ed.Mimésis, Milan, 2016

- *Chroniques d'hier et de demain*, L'Harmattan, 2017

- *Droit institutionnel et matériel de l'Union européenne* (avec Annie Gruber et Patrick Rambaud), Précis Dalloz, 12e édition, 2018

Ouvrages collectifs

- *La prise en compte du fait régional par l'Union européenne*, in l'Union européenne à l'aube d'un nouveau siècle, "Liber Amicorum Jacqueline Lastenouse-Bury", *Ed.Euroius Editorial Juridica*, s.a., Madrid, 1997, p. 379 à 392

- *La spécificité de l'État de la Cité du Vatican*, in « Anthropologies Juridiques, Mélanges Pierre Braun » *P.U.L.I.M,* Limoges, 1998, p. 179 à 211.

- *Europol ou l'amorce d'une police fédérale européenne*, in "Mélanges en hommage à Guy Isaac *50 ans de droit communautaire*", (dir.Loïc Grard), Presses de l'Université des Sciences sociales, Toulouse, 2004, Tome 1, p. 333 à 371.

- *Le pacte de stabilité et de croissance*, in "Mélanges en l'honneur du Professeur Roger Prouteau", Pensée européenne et modernité, Université François-Rabelais Tours, 2005, p. 73 à 89.

- *La dimension environnementale de la réforme Fischler du 26 juin 2003*, in « Mélanges en l'honneur de Michel Prieur », « Pour un droit commun de l'environnement », Dalloz 2007, p. 705 à 725.

- *L'influence du lobbying sur les institutions communautaires*, in « Mélanges en hommage à Georges Vandersanden », « Promenades au sein du droit européen », Bruylant, 2008, p. 89 à 115.

- *Construction européenne et solidarités*, Mélanges « Hommage à un printemps environnemental », Mélanges en l'honneur des Professeurs Soukaina Bouraoui, Mahfoud Ghezali et Ali Mékouar » (dir.Michel Prieur), Pulim, 2016, p.575 à 593.

Ce n'est pas parce que les choses sont difficiles que nous n'osons pas, c'est parce que nous n'osons pas qu'elles sont difficiles (Sénèque, Lettres à Lucilius, livre XVII, Lettre 104, 26)

L'Europe qui a pourtant pendant très longtemps suscité tant d'espoirs et rassemblé les peuples très largement, bien au-delà des clivages traditionnels entre la droite et la gauche, ne semble plus désormais faire rêver. Elle est même tout au contraire de plus en plus souvent accusée de la plupart des maux dont souffrent ses ressortissants, qu'il s'agisse du chômage, de l'insécurité, de l'immigration massive, de l'afflux des réfugiés ou du terrorisme... Ainsi la France, qui fut l'un des deux pays à l'origine de la construction européenne est-elle passée de 69% d'opinions favorables en 2004, à seulement 38% en 2016 (selon le Pew Research Center) ! Comme l'a récemment (17 avril 2018) rappelé Nathalie Loiseau, la ministre française des Affaires européennes, une telle attitude résulterait du *"mécontentement"* et du *"découragement"* des citoyens qui *"se sentent insuffisamment associés aux décisions"* les concernant.

Cette lente et profonde désaffection, qui se traduit depuis déjà un certain nombre d'années par une augmentation constante des taux d'abstention aux élections européennes (qui est passé de 38,01% en 1979 à 56,91% en 2014 !), est également en grande partie à l'origine de la montée de partis populistes, nationalistes, souverainistes, xénophobes dans la plupart des États de l'Union et pas seulement dans ceux qui sont les plus touchés par la crise.

Les succès obtenus un peu partout en Europe par ces formations, qui se situent d'ailleurs aussi bien à l'extrême droite qu'à l'extrême gauche, constituent en effet un signal inquiétant, qu'il ne s'agit pas de négliger et dont il conviendrait par conséquent de tenir compte.

Même l'Espagne, qui avait pourtant longtemps été épargnée par ce mal, sans doute à cause du traumatisme dû à près de quarante années de dictature franquiste (1937 – 1974), ne semble plus désormais y échapper.

Une telle situation est d'autant plus regrettable que les États membres de l'Union, qui pendant très longtemps ont pourtant partagé les mêmes valeurs humanistes, qu'il s'agisse de la défense des droits de l'homme, des libertés publiques, de l'égalité, ou de la solidarité entre les peuples, se montrent aujourd'hui de plus en plus divisés et n'offrent donc plus qu'une unité de façade. Plusieurs d'entre eux (Autriche, Pologne, Hongrie, République tchèque, Slovaquie, Italie...) ont ainsi décidé , particulièrement après les crises économiques, financières et monétaires qui se sont succédé depuis 2008 et surtout depuis l'arrivée massive de réfugiés en 2015 , de porter au pouvoir des gouvernements ouvertement anti-européens, préférant le repli à l'intérieur de leurs frontières nationales, plutôt que l'ouverture sur le monde extérieur.

La conclusion d'un «*contrat de* gouvernement» entre la Ligue du Nord de Matteo Salvini et le Mouvement Cinq étoiles (M5S) de Luigi Di Maio, le 18 mai 2018, en Italie, l'un des six pays fondateurs des Communautés européennes, constitue un excellent exemple des risques réels de voir ces formations arriver au pouvoir. Si Paolo Savona, un économiste hostile à l'euro, dont le choix avait été à l'origine de l'échec de la première tentative de gouvernement, est devenu, dans celui dirigé par Giuseppe Conte (nommé le 31 mai par le Président de la République), ministre des Affaires européennes, le portefeuille de l'Économie et des Finances a été confié à Giuseppe Tria, un professeur d'économie politique favorable au maintien de l'Italie dans la monnaie unique, et le très européen Enzo Moavero Milanesi a la responsabilité des Affaires étrangères.

Le Brexit, constitue un autre exemple de cette crise de confiance, qui a largement contribué à conduire les électeurs britanniques, qui n'avaient pas osé se retirer de la Communauté dans laquelle ils venaient pourtant d'entrer quelque temps plus tôt (le 1er janvier 1973), lors du référendum du 5 juin 1975 (où 67,23 % des votants s'étaient prononcés en faveur du maintien dans l'Europe), à ne plus hésiter à quitter l'Union à l'occasion de celui du 23 juin 2016, où le « Brexit » a malgré tout recueilli 51,9% des suffrages, avec une participation sensiblement plus importante (72,2%) que la première fois. Le départ du Royaume-Uni, qui devrait normalement être effectif le 31 mars 2019 a pourtant bien du mal à se concrétiser, comme en témoigne la démission le 8 juillet 2018 de l'europhobe « ministre du Brexit », David Davis, qui regrette que les *« règles communes »* avec l'UE contenues dans la proposition adoptée le 6 juillet par le gouvernement *« laissent le contrôle de larges pans de notre économie à l'UE »*, et ne mettent pas en œuvre la volonté de rupture avec les Vingt-Sept exprimée lors du référendum. Le lendemain, 9 juillet, c'était au tour de Boris Johnson, ministre des Affaires étrangères, également partisan du « Hard Brexit », de se retirer, considérant la position du gouvernement britannique, qui souhaiterait mettre en place une nouvelle *« zone de libre-échange pour les biens »*, destinée à maintenir un commerce *« sans friction »* avec les 27 membres de l'UE, comme étant trop accommodante. Depuis le début du Brexit, pas moins de douze ministres, en désaccord avec la façon dont il convient de gérer le retrait britannique, ont ainsi été conduits à démissionner ! Certains en arrivent même à se demander même si les Anglais ne devraient pas revoter pour décider finalement de rester dans l'Union…

Il serait d'ailleurs logique qu'une fois la Grande-Bretagne sortie de l'Union, l'anglais, désormais présent dans 83% des textes officiels, ne soit plus la seule langue de travail européenne.

Les difficultés de toutes sortes rencontrées par le Royaume-Uni pour quitter l'Union montrent bien que, contrairement à ce que certains pouvaient penser, il n'est pas si facile pour l'un de ses membres de réussir à s'en retirer… Klaus Regling, directeur du *Mécanisme européen de stabilité*, chargé de fournir une assistance financière aux États en difficulté, estime même que le Brexit obligerait les pays de la zone euro à aider financièrement la République irlandaise, dont 50% du commerce dépend du Royaume-Uni…Faute d'un accord avec les Vingt-Sept, la période de transition réclamée par Londres pour parachever sa « *relation future* » avec l'Union prévue pour démarrer le jour même que celui du Brexit le 30 mars 2019, et s'achever le 31 décembre 2020, serait annulé. Le Royaume-Uni serait alors considéré comme un État tiers de l'UE avec toutes les conséquences qui pourraient alors en découler. Ainsi par exemple, les Européens installés en Grande-Bretagne et les Anglais installés dans les autres États membres ne se verraient plus garantir leur droit de séjour. Les contrôles aux frontières qui *« impacteront sévèrement les transports »*, *« entraîneront des délais conséquents »* et *« des difficultés dans les ports »*, auraient également un effet négatif pour les opérateurs économiques (Commission européenne, 19 juillet 2018).

L'Europe serait-elle victime de la malédiction qui a frappé la princesse Europe, célèbre personnage de la mythologie grecque, qui était la fille d'Agénor, roi de Phénicie (l'actuel Liban), et de Téléphassa et la sœur de Cadmos ? Selon la légende, Zeus, qui en était très épris, s'était transformé en taureau après l'avoir vue jouer au bord de la mer avec ses amies, avant de s'en approcher, de lui manger dans les mains et d'aller même jusqu'à la prendre sur son dos, pour l'entraîner aussitôt dans la mer, où il la conduisit à la nage vers la Crète. Après avoir repris forme humaine, il lui fit alors trois enfants, Minos, Rhadamanthe et Sarpédon, avant de l'offrir en cadeau au roi de Crète Astérion, qui devait en faire son épouse…

Mais l'Europe qui, selon le poète grec Hésiode (VIIIe siècle av. J.-C.) dans sa *Théogonie*, pourrait bien également être une nymphe, l'une des très nombreuses filles d'Océan et de Téthys, n'est-elle pas également éternelle, car d'essence divine ? Elle sera d'ailleurs considérée, dès la fin du Moyen Âge, comme la 12e Sibylle (prêtresse de nature divine censée avoir reçu d'Apollon un don de prophétie). Ce n'est d'ailleurs pas par hasard que les Traités de Rome avaient été conclus le 25 mars 1957 pour « *une durée illimitée* » (art.53 TUE, 356 TFUE et 208 Euratom) et que l'euro est souvent considéré comme une « *monnaie irré-versible* » (Mario Draghi)!

A en croire la légende, l'Europe serait donc capable de surmonter toutes les crises, même les plus graves ! Elle s'est d'ailleurs toujours beaucoup plus renforcée sous la pression d'événements extérieurs, l'obligeant à se ressaisir, qu'à la suite de réformes internes.

Mais il n'en est pas moins vrai qu'elle est de plus en plus critiquée et que malheureusement les raisons ne manquent pas.

Ainsi depuis un certain nombre d'années l'Union souffre-t-elle d'une absence totale de vision de ses dirigeants, lesquels donnent en effet plutôt l'impression de naviguer à vue, voire même de faire du sur-place… Comme le faisait très justement remarquer Jean-Claude Trichet, ancien président de la Banque centrale européenne (1ᵉʳ novembre 2003 – 31 octobre 2011): « *Jusqu'à François Mitterrand et Helmut Kohl, l'Europe était dirigée par des hommes qui avaient connu la guerre. Leur motivation personnelle était extrêmement puissante. Cela a changé avec Jacques Chirac et Gerhard Schroeder [lesquels se sont contentés d'appliquer le programme imaginé par leurs prédécesseurs] … »*.

Trop souvent l'Europe est aussi et abusivement utilisée par certains dirigeants politiques pour se défausser de leurs propres responsabilités. Il est en effet toujours plus facile d'accuser la « *Commission européenne* » des conséquences négatives de politiques dont ils sont souvent les seuls auteurs! Il ne faut en effet pas oublier que toutes les décisions importantes prises en son nom ont certes à l'origine été proposées par la Commission, qui n'agit d'ailleurs que dans le cadre défini par le Conseil européen (dominé par les chefs d'État ou de gouvernement), mais qu'elles sont adoptées par le Conseil des ministres, donc par les États, et par le Parlement européen, dont les membres ont tous été élus par les citoyens européens.

Certains pourraient également être tentés de se référer à l'Union européenne pour espérer bénéficier d'avantages dans le domaine des relations internationales. Comme le déplorait déjà Bismarck au 19ᵉ siècle: *«J'ai toujours trouvé le mot « Europe » dans la bouche de politiciens qui tentaient d'obtenir des concessions d'une puissance étrangère sans oser les demander en leur propre nom»*.

Il n'est pas bien non plus de vouloir systématiquement opposer l'Union aux États qui la composent. Il est pourtant clair que seule une Europe unie et forte serait susceptible de favoriser le développement de l'ensemble des pays qui la composent. Le Général de Gaulle, pourtant peu suspect de complaisance à l'égard du « *Marché commun* », avait d'ailleurs tout à fait raison d'affirmer, à la sortie du Conseil des ministres du 8 août 1962 : « *l'Europe c'est le moyen pour la France de redevenir ce qu'elle a cessé d'être depuis Waterloo, la première au monde* » !

L'Union reste aussi malheureusement, totalement incapable de solidarité face à la question de l'accueil des réfugiés. Elle s'est en effet seulement contentée de conclure des *accords avec la Turquie et la Libye*, qui en échange d'une aide financière (3 milliards d'euros par an pour la

Turquie et 247 millions d'euros pour la Libye), se sont engagé à retenir les migrants et demandeurs d'asile avant qu'ils ne parviennent sur le continent européen. Il ne faut pas oublier qu'en quelques mois, près de 35 000 d'entre eux ont ainsi perdu la vie en Méditerranée.

Ne serait-il pas préférable de les accueillir convenablement, plutôt que de dépenser beaucoup d'argent pour établir des frontières qui de toute façon sont vouées à l'échec ? Ce serait d'autant plus envisageable que le nombre de franchissements irréguliers des frontières extérieures de l'Union ne cesse de diminuer. Ainsi, selon les chiffres officiels de l'agence Frontex, durant les cinq premiers mois de 2018, a-t-il pratiquement été divisé par deux par rapport à la même période de l'année précédente, avec une baisse de 46%.

Il n'est en effet pas normal que, le 11 juin 2018, l'Espagne, afin *d'éviter une catastrophe humanitaire*", ait été le seul pays à accepter d'accueillir les 629 migrants entassés dans des conditions inacceptables à l'intérieur du navire humanitaire Aquarius (qui ne pouvait pas en accueillir plus de 550) affrété par l'ONG « SOS Méditerranée », après qu'ils aient été refoulés par l'Italie et par Malte. Il serait temps qu'une solution plus humaine prenant en compte des critères plus objectifs (existence de liens familiaux, volonté du demandeur d'asile, connaissance de la langue…) puisse enfin être trouvée au niveau européen. Il est regrettable qu'un certain nombre de pays, notamment ceux du *groupe de Visegrad (Pologne, Hongrie, République tchèque et Slovaquie)*, s'opposent à toute idée de relocalisation de ces demandeurs d'asile.

Il serait donc souhaitable qu'elle puisse enfin parvenir à s'entendre sur une refonte du « *système de Dublin III* » (*règlement 2016/1103 du Conseil du 26 juin 2015*), qui prévoit que lorsqu'un demandeur d'asile a franchi irrégulièrement la frontière d'un État membre, il est responsable de sa demande d'asile, et qui une fois de plus a montré ses limites. Les demandeurs d'asile sont en effet tenus de déposer leur demande dans le premier pays dans lequel ils entrent et y rester. Certains choisissent pourtant pour un certain nombre de raisons de changer de pays soit avant, soit après l'examen de leur demande. Après avoir été identifiés, ils pourront être reconduits sur le territoire de l'État dans lequel ils sont d'abord entrés.

Pourtant, malgré ses imperfections et ses défauts, à l'origine de la plupart des critiques plus ou moins fondées qu'elle suscite, voire de la remise en cause de son existence même, l'Europe reste encore et toujours une perspective indépassable de notre temps, surtout depuis l'arrivée au pouvoir des Poutine (annexion de la Crimée, crise en Ukraine…), Erdogan ou Trump, lequel affirme ne pas aimer l'Union européenne et parie même sur son démantèlement prochain, et qui n'a pas hésité à lourdement taxer les produits qu'elle exporte ! Face à la menace commerciale représentée par les États-Unis ou la Chine, il ne fait aucun doute que l'Europe doit apprendre à se montrer unie et déterminée à se défendre.

La multiplication des attentats terroristes à partir de novembre 2015, particulièrement en France, en Allemagne, en Belgique, en Grande-Bretagne ou en Espagne, rend plus urgente que jamais la nécessité de renforcer la coordination européenne dans la lutte contre cette nouvelle forme de criminalité qui ne connaît pas de frontières. L'afflux de réfugiés demande également une réponse commune à l'ensemble des États membres, qui doivent s'efforcer de faire preuve d'humanité, mais également dans certains cas de fermeté.

Déjà, Paul Valéry estimait en 1931 que l'Europe ne devrait pas être condamnée à devenir ce « *qu'elle est en réalité un petit cap du continent asiatique* ", elle devrait tout au contraire demeurer la « *perle* » de l'humanité et incarner ainsi son « *paraître* », plutôt que de rejoindre son « *être* » géographique (*œuvres*, t. I, p. 1127). Il lui reconnaissait d'ailleurs quatre qualités principales : le *sens critique*, l'*imagination*, la *confiance*, mais également le *scepticisme*…

N'oublions pas non plus que l'Union européenne, forte de ses 515 millions d'habitants, est aujourd'hui la *troisième puissance commerciale* du monde, légèrement derrière la Chine et les États-Unis, avec lesquels elle représente près de la moitié du commerce international, et la *première exportatrice de produits agricoles de produits manufacturés et de services*, loin devant les États-Unis et le Brésil.

Plusieurs États souhaiteraient d'ailleurs officiellement en faire partie. Il existe en effet six "*candidats officiels*". Pour trois d'entre eux les négociations ont même déjà débuté : le 3 octobre 2005 pour la *Turquie* (candidate depuis le 11 décembre 1999), le 29 juin 2012 pour le *Monténégro* (candidat depuis le 17 décembre 2010) et le 21 janvier 2014 pour la *Serbie* (candidate depuis le 2 mars 2012); pour les trois autres, l'*Ancienne République yougoslave de Macédoine* (candidate depuis le 16 décembre 2005), l'*Albanie* (candidate depuis le 27 juin 2014) et la *Bosnie-Herzégovine* (candidate depuis le 20 septembre 2016), elles n'ont toujours pas débuté. Il reste un "*candidat potentiel*" (ayant vocation à adhérer sans pour autant avoir encore posé sa candidature, le *Kosovo*.

Il n'est est pas moins vrai que la *Suisse*, pourtant candidate depuis le 20 mai 1992, ne l'est plus depuis le 27 juillet 2016 et que l'*Islande*, qui l'était également depuis le 16 juillet 2009, après avoir suspendu les négociations (ouvertes le 26 juillet 2010), en septembre 2013, a officiellement décidé de retirer sa candidature le 12 mars 2015.

L'Europe serait-elle comme ceux qui voient dans le mariage une place assiégée où ceux qui sont dehors veulent entrer et ceux qui sont dedans veulent sortir ?

Tous les pays qui ont progressivement rejoint l'Europe n'ont d'ailleurs eu qu'à s'en féliciter. Ainsi l'Espagne et le Portugal, qui en raison des dictatures qui s'y sont maintenues jusqu'à la fin des années soixante-dix n'ont pu adhérer à la Communauté européenne que le 1er janvier 1986, ont-ils très rapidement et très largement profité de leur adhésion.

L'Espagne a par exemple pu se lancer dans la réalisation de grands travaux (infrastructures routières, aéroports, immobilier…), moderniser son économie (sauvetage du groupe Seat, essor de la compagnie aérienne Iberia…), développer le tourisme, organiser de grandes manifestations sportives, comme les Jeux olympiques de Barcelone en 1992, participer à de grands projets européens (projet Airbus). Seuls les éleveurs, qui ont été contraints de réduire leur production du fait de la concurrence de leurs partenaires européens et de la croissance des marchés, n'ont pas vraiment bénéficié de la politique agricole commune.

Le Portugal a également su tirer parti des fonds structurels européens, lesquels ont permis de financer plus de 35 000 projets. Même si tous les secteurs de l'économie n'ont pas réussi à progresser, le PIB par habitant qui atteignait à peine 7 000 euros en 1986, est passé à un peu plus de 19 000 euros en 2008.

Les pays de l'Est, en rejoignant l'Union à partir du 1er mai 2004, espéraient également bien, grâce à l'argent de l'Union, pouvoir attirer de plus en plus d'investissements étrangers et de technologies nouvelles et trouver de nouveaux marchés, afin de faciliter leur développement économique et social.

Pour préparer leur adhésion, la Communauté avait ainsi mis en place, à la demande du Sommet des sept pays industrialisés (G7), à Paris, le 4 juillet 1989, le *programme PHARE*. D'abord destiné à aider la Pologne et de la Hongrie, avant d'être étendu à partir de 1990 à l'ensemble des pays d'Europe centrale et orientale (PECO), il avait prévu des aides financières à la restructuration économique et à l'investissement privé, des crédits et des garanties à l'exportation. Dans ce cadre, avait été créée le 15 avril 1991, la *Banque européenne pour la reconstruction et le développement* (*BERD*), afin d'accorder des prêts aux investissements productifs dans les PECO qui, de leur côté, s'étaient engagés à appliquer les principes de la démocratie pluraliste et de l'économie de marché, l'initiative privée et l'esprit d'entreprise et à respecter les droits de l'homme.

Alors pourquoi devrait-on laisser le monopole de la dénonciation des excès, des insuffisances ou des dérives de l'Europe à ses seuls adversaires, qu'il s'agisse des « *eurosceptiques* », des « *souverainistes* » ou de la plupart des populistes de droite comme de gauche? Ces derniers, qui s'imaginent que le repli à l'intérieur des frontières antérieures à la construction européenne permettrait de régler toutes les difficultés, n'ont en réalité rien d'autre à proposer !

Il n'est bien sûr pas non plus question de suivre tous les « *eurolâtres* » ou autres thuriféraires de l'Europe, pour lesquels tout reproche ou toute critique, voire même toute réserve dans ce domaine s'apparente à de l'hostilité. Pour s'en convaincre, il suffit de se rappeler avec quelle légèreté ces derniers se permettaient de qualifier d' « *anti-européens* » tous ceux qui avaient osé s'opposer au Traité de Maastricht en 1992, puis au « *Traité constitutionnel* » en 2005…

N'est-il donc pas préférable de se montrer plutôt « *euro critique* », sachant que, pour parodier Beaumarchais dans le Mariage de Figaro, « *sans la liberté de blâmer, il n'est point d'éloge flatteur* », ou encore comme le dit l'adage populaire « *qui aime bien châtie bien* »…

Pour espérer parvenir à redonner espoir dans la construction européenne, il serait en effet indispensable de se décider enfin à la réformer profondément et durablement.

L'arrivée au pouvoir en France en mai 2017 d'un Président résolument pro-européen, dont la volonté de reformer les institutions, souvent réaffirmée tout au long de sa campagne électorale ne fait aucun doute et dont l'entente avec la chancelière allemande est manifeste, constitue un atout incontestable. Il ne faut en effet jamais oublier que le « *couple franco-allemand* » a toujours joué un rôle moteur dans la construction européenne et qu'il a toujours été à l'origine de toutes les grandes réformes de l'Union.

Pour s'en convaincre, il suffit de se reporter à son discours de la Sorbonne du 26 septembre 2017, dans lequel il détaille toute une série de propositions, qu'il s'agisse de la défense, de l'économie, de la fiscalité ou de l'éducation, ainsi que les moyens destinés à les mettre en œuvre dans les dix ans à venir, pour sortir l'Europe de « *la glaciation* » et « *la rendre au peuple* ». Le 17 avril, 2018 Emmanuel Macron devant le Parlement européen réuni en session plénière à Strasbourg a débattu pendant plus de trois heures avec les eurodéputés de l'avenir de l'Europe, qu'il souhaite forte et souveraine.

Il a ensuite ouvert à Epinal la première des « *Consultations citoyennes sur l'Europe* », qui se sont déroulées dans 26 des 28 pays de l'Union (à l'exception du Royaume-Uni et de la Hongrie) d'avril à octobre 2018 avec une restitution globale prévue pour le Conseil européen de décembre. Cette initiative lancée par la

Commission européenne et disponible en 24 langues, concerne 450 millions d'Européens appelés à se prononcer sur un questionnaire défini par un échantillon représentatif des citoyens et accessible sur le site Europa. Elle vise, selon la ministre des Affaires européennes, Nathalie Loizeau, à *recueillir les attentes des citoyens européens afin de les intégrer dans le projet de refondation de l'Union* et à répondre au "*sentiment de déconnexion constaté partout entre Bruxelles et les opinions européennes*". Il s'agit donc de donner enfin la parole à ceux pour qui l'Europe a d'abord été faite.

Après Jean Monnet, Robert Schuman, Winston Churchill, Konrad Adenauer, Juan Carlos, François Mitterrand, Simone Veil, Angela Merkel ou le pape François, le président français a d'ailleurs reçu le 10 mai 2018 le prix Charlemagne décerné par la ville d'Aix-la-Chapelle en raison de *« l'élan donné à l'Europe à la suite de la campagne électorale il y a un an en France »* et pour sa volonté de *« réancrer l'Europe et l'idée européenne au cœur des sociétés, des populations avec notamment le lancement des consultations citoyennes »*…

Il s'agit certes d'une vision fortement imprégnée de fédéralisme et avec laquelle on peut naturellement être en désaccord, mais qui a au moins le mérite de relancer le débat sur l'avenir de l'Europe.

A nous donc maintenant de proposer un certain nombre de pistes susceptibles de redonner sens à la construction européenne et de la rendre ainsi plus proche des citoyens sans lesquels elle n'aurait qu'un avenir pour le moins incertain et risquerait de ne rester qu'une simple zone de libre-échange...Il est clair qu'il convient sans tarder de procéder à une véritable refondation de l'Union européenne, afin de pouvoir espérer la sauver. Peut-être s'agit-il d'ailleurs de la dernière chance d'y parvenir?

Pour espérer se réformer durablement et regagner enfin la confiance des citoyens, elle devrait en effet devenir *plus démocratique* (I), *plus transparente* (II), *moins libérale* (III), *plus sociale* (IV), *plus indépendante* (V) *et moins contraignante* (VI).

I. Une Europe plus démocratique

Depuis la création de la première Communauté en 1951, l'Europe n'a jamais été véritablement démocratique.

La plupart des États membres de l'Union, à l'exception notable de l'*Irlande*, se sont toujours en effet bien gardés de consulter les citoyens pour tout ce qui concerne la construction européenne, qu'il s'agisse des décisions les plus importantes, de la nomination de ses dirigeants (présidents de la Commission européenne et du Conseil européen), de l'adoption de traités modificatifs, ou de l'adhésion de nouveaux États... Les exemples de cette *absence de démocratie* ne manquent d'ailleurs pas, ainsi le *Traité de Lisbonne* ou les *différents élargissements*, ont-ils été ratifiés sans consultation populaire et ce ne sont pas les *quelques initiatives prises dans ce domaine par le Traité de Lisbonne qui permettront d'y remédier.*

Cette absence de démocratie se traduit par le **refus d'associer les citoyens à la construction européenne (A),** un peu partout sauf en **Irlande (B)**, et par **l'absence de concertation en ce qui concerne les différents élargissements (C)** ; les **quelques initiatives prises par le Traité de Lisbonne dans ce domaine restent très insuffisantes (D).**

A. Le refus d'associer les citoyens à la construction européenne

Ce défaut de démocratie contribue d'ailleurs en grande partie à expliquer l'absence de légitimité dont souffre l'Europe dans une partie de plus en plus importante de l'opinion publique. Il n'est en effet absolument pas admissible que les « *citoyens européens* » ne soient que trop rarement associés à la vie de l'Union. Et quand le peuple a exceptionnellement été consulté, il est même arrivé qu'il ne soit pas tenu compte de ses choix, comme en 2005, où malgré son rejet par les électeurs français (29 mai 2005) et néerlandais (1er juin 2005), le *Traité établissant une Constitution pour l'Europe* du 29 octobre 2004 devait finalement être adopté un peu plus de deux ans plus tard, mais cette fois par le Parlement de ces deux pays sous le nom de *Traité de Lisbonne* (13 décembre 2007) !

Ainsi les électeurs français n'ont-ils été consultés qu'à trois reprises sur les questions relatives à la construction européenne.

Une première fois, à l'occasion du *référendum du 23 avril 1972 relatif à l'élargissement de la Communauté économique européenne au Royaume-Uni, à l'Irlande, au Danemark et à la Norvège* (qui refusera par deux fois, le 26 septembre 1972 et le 28 novembre 1994 de rejoindre la Communauté), où le oui avait obtenu 68,31% des suffrages exprimés, mais avec un taux d'abstention très élevé (39,76%).

Ensuite, plus de vingt ans après, lors *du référendum du 20 septembre 1992 relatif à la ratification du Traité de Maastrich*t, avec cette fois un taux relativement faible d'abstention (30,30%), mais avec une très faible majorité de oui (51,04% des suffrages exprimés).

Enfin, à l'occasion du *référendum du 29 mai 2005, destiné à permettre la ratification du Traité établissant une Constitution pour l'Europe*, où pour la seconde fois dans l'histoire de la Vème République (après l'échec du référendum du 27 avril 1969 sur la réforme du Sénat et la régionalisation), le « non » l'avait emporté, avec 54,67% des suffrages exprimés et un taux de participation de 69,37%. Or, malgré ce rejet pourtant très net, le président Sarkozy a refusé de soumettre à nouveau au peuple français le *Traité de Lisbonne du 13 décembre 2007*, qui reprenait pourtant pour l'essentiel les dispositions du précédent, préférant le présenter au Parlement, qui l'approuvera massivement le 7 février 2008. Le Chef de l'État avec la complicité objective de l'opposition socialiste s'est alors rendu coupable d'un véritable déni de démocratie, qui loin de servir la cause européenne a tout au contraire contribué à lui nuire.

L'adoption du Traité de Lisbonne constitue donc un véritable défi pour la démocratie !

Ce texte, qui n'a en réalité rien de nouveau et dont la légitimité souffre déjà de sa ratification dans des conditions pour le moins contestables (reprise presque mot pour mot d'une grande partie des dispositions déjà présentes dans le « *Traité constitutionnel* » pourtant nettement rejeté par les électeurs français et néerlandais et approuvé par les parlements nationaux à l'exception notable de l'Irlande), a fait l'objet de vives réserves de la part de la Cour constitutionnelle allemande. Dans une décision du 30 juin 2009, rendue à la demande de députés venus de Die Linke et de l'Union chrétienne sociale (CSU), la juridiction suprême, tout en considérant que ce traité était conforme à la Loi fondamentale du 8 mai 1949, a en effet tenu à dénoncer le « *déficit démocratique structurel*» dont souffre l'Union et pour lequel ce texte n'apporte pas de solutions satisfaisantes. La Cour de Karlsruhe estimait par ailleurs que la loi réglant les droits de participation du Bundestag et du Bundesrat aux questions européennes était contraire à la Constitution, dans la mesure où elle ne leur conférait pas suffisamment de pouvoir pour contrôler tout transfert de souveraineté à l'Union européenne. Elle considérait également que *«le Parlement européen n'était pas l'organe de représentation d'un peuple européen dont ses députés seraient les représentants »*. Les majorités qui en émanent ne sauraient donc exprimer la *«volonté majoritaire»* des peuples de l'Union. En se fondant sur le *«respect du vote des citoyens»* allemands, elle a en effet tenu à rappeler que les assemblées démocratiquement élues demeurent les seules titulaires du pouvoir constituant et par conséquent de la souveraineté nationale, menacée par la «*fédéralisation rampante*» de l'Union européenne.

Dans une précédente décision du 12 octobre 1993, relative au *Traité de Maastricht*, la Cour constitutionnelle avait d'ailleurs déjà tenu à dénoncer le manque de démocratie européenne, invitant l'Allemagne à se doter de moyens suffisants pour pouvoir continuer à exercer sa souveraineté dans les domaines essentiels.

Le juge constitutionnel allemand a donc à deux reprises en 1993 et en 2009, tenu à clairement dénoncer le manque de légitimité démocratique de la Communauté puis de l'Union.

Seule *l'Irlande* semble faire exception à cette absence de démocratie, particulièrement sensible lors de l'adoption de la plupart des traités, particulièrement celui de *Lisbonne, qui a constitué un véritable défi pour la démocratie* ; ce manque de démocratie a également été sensible lors des différents *élargissements*, particulièrement ceux qui ont eu lieu depuis le début du siècle et singulièrement à l'occasion du projet d'adhésion de la Turquie. Ce ne sont pas les quelques *initiatives* prises dans ce domaine par les traités qui devraient permettre de rendre l'Europe aux citoyens !

B. L'exception irlandaise

Seule *l'Irlande*, où depuis 1987, la Constitution du 1er juillet 1937 (art.47) a rendu obligatoire le référendum pour l'adoption de tout nouvel accord international ayant des incidences sur les institutions, ce qui est le cas des traités européens, est en mesure de répondre à cette exigence démocratique.

Ainsi le peuple irlandais a-t-il très largement approuvé (69,9% des votants), le 26 mai 1987, l'*Acte unique européen* (17 et 18 février 1987), avant de se prononcer sur les *Traités de Maastricht* (7 février 1992), *d'Amsterdam* (2 octobre 1997) et de *Nice* (26 février 2001), d'abord rejeté, le 7 juin 2001 (53,87% des votants, mais seulement 34,7% de participation, soit 18% des inscrits), puis adopté, le 19 octobre 2002 (62,89% des suffrages exprimés et un taux de participation de 49%), après avoir obtenu un certain nombre de garanties (maintien d'un commissaire par État membre, possibilité pour l'Irlande de conserver sa neutralité et d'interdire l'avortement)!

Suite aux refus français et néerlandais d'approuver le *Traité « constitutionnel »*, l'Irlande, le Royaume-Uni, le Danemark et le Portugal, qui avaient également prévu la tenue d'un référendum, ont alors décidé de suspendre la procédure de ratification, qui n'aurait d'ailleurs sans doute pas abouti dans la plupart de ces pays...

L'Irlande, à deux reprises, sera d'ailleurs le seul pays de l'Union à recourir au référendum pour ratifier le *Traité de Lisbonne*, le 12 juin 2008 où le non l'avait emporté avec 53,4 % des suffrages exprimés (avec une participation de 53,1% des inscrits), puis le 2 octobre 2009, où 67,1% des électeurs (taux de participation de 59%), avaient fini par l'approuver après que la Commission européenne ait accepté le maintien d'un commissaire par État membre et autorisé l'Irlande à conserver sa neutralité et à interdire l'avortement.

Le peuple irlandais a également approuvé, le 31 mai 2012, le *Traité sur la stabilité, la coordination et la gouvernance* (« *Pacte budgétaire* ») du 2 mars 2012, avec cette fois 60,3% de oui et un taux de participation de 50,6%.

Les Irlandais ont donc plusieurs fois démontré qu'il restait toujours possible aux peuples de dire non à certaines décisions que les dirigeants européens et bien souvent la plupart des partis politiques espéraient pourtant bien leur imposer, les obligeant ainsi à tenir compte de leurs exigences en modifiant les traités pour qu'ils puissent alors accepter de les ratifier.

Ce manque de démocratie a également été sensible lors des différents élargissements, particulière- ment ceux qui ont eu lieu depuis le début du siècle et singulièrement à l'occasion du projet d'adhésion de la Turquie.

C. La plupart des élargissements ont été réalisés sans concertation

Il n'est pas non plus acceptable que les *élargissements* successifs de l'Union puissent, sauf exception (référendum français du 22 avril 1972 relatif à l'entrée du *Danemark*, de la *Norvège*, de l'*Irlande* et de la *Grande-Bretagne*), se faire sans que les peuples des États concernés, ni de ceux des autres pays ne soient consultés! Ainsi par exemple est-il parfaitement regrettable que le traité d'Athènes du 16 avril 2003 qui autorisait l'adhésion de l'*Estonie*, de la *Lituanie*, de la *Lettonie*, de la *Hongrie*, de la *République tchèque*, de la *Slovaquie*, de la *Pologne*, de la *Slovénie*, de *Chypre* et de *Malte*, n'ait pas donné lieu à débat ! Dans ces dix pays, dont le PIB atteignait à peine 5% de celui des quinze États membres alors dans la Communauté et dont la richesse globale était inférieure à celle des Pays-Bas, le nombre d'agriculteurs était cinq fois plus élevé (26,5%)

que celui de la moyenne de l'UE (5,7%)! Une telle vague d'adhésion, d'ailleurs sans précédent, allait s'accompagner d'une baisse sensible du PIB par habitant et devait absorber l'essentiel des fonds structurels affectés au développement régional. Comment admettre qu'en France, seuls quelques dizaines de députés seulement aient pu être présents à l'Assemblée nationale lors du vote du projet de loi autorisant sa ratification, le 26 novembre 2003...

Que penser également de l'*adhésion de la Turquie*, pourtant officiellement candidate d'abord le 14 avril 1987 puis le 11 décembre 1999, et avec laquelle les négociations ont officiellement été engagées depuis le 3 octobre 2005 et dont ne sait toujours pas si elle doit ou non rejoindre un jour l'Union, même si le Parlement européen a voté, le 24 novembre 2016, une résolution (sans valeur juridique contraignante) en demandant la suspension, compte tenu du sort réservé aux Droits de l'Homme dans ce pays? Depuis plus de dix ans que durent ces discussions entre la Turquie et l'Union, ni les citoyens turcs, ni les citoyens européens n'ont d'ailleurs été consultés...
Ce ne sont pas les quelques initiatives prises dans ce domaine par les traités qui devraient permettre de rendre l'Europe aux citoyens.

D. Les quelques initiatives prises par le Traité de Lisbonne dans ce domaine restent très insuffisantes

Ce n'est en effet certainement pas l' « *initiative citoyenne européenne* » (ICI), qui permet à un million de ressortissants européens, issus d'un nombre « *significatif* » d'États membres d' « *inviter* » la Commission (qui n'est donc pas tenue de donner suite) à soumettre au Parlement européen et au Conseil une proposition nécessaire à l'application des traités (art.11§4 TUE), qui viendra combler ce « *déficit démocratique* »… Ainsi la Commission a-t-elle rejeté, le 11 septembre 2014, la demande d'enregistrement officiel de l'initiative visant à obtenir des États membres qu'ils renoncent aux traités TAFTA et CETA destinés à libéraliser les échanges de l'Union avec les États-Unis et le Canada. Elle a en effet considéré que l'arrêt des négociations ne dépendait pas d'elle, au motif que seuls les 28 pays membres de l'Union, qui lui avaient donné mandat de négocier conformément au Traité étaient habilités à y mettre fin…

Seule la possibilité pour un État membre de décider, conformément à ses règles constitutionnelles, de se retirer de l'Union, après en avoir informé le Conseil européen (art.50 TUE) constitue un progrès. Il s'agit en effet d'une application du droit des peuples à disposer d'eux-mêmes, qui a permis à une majorité de citoyens britanniques de décider de quitter l'Union à l'issue du référendum du 23 juin 2016.

Il n'en reste pas moins que, malgré ces quelques initiatives destinées à introduire un semblant de démocratie dans le fonctionnement de l'Union, il est clair que les citoyens européens ne sont jamais appelés à participer au processus de prise des décisions de l'Union, ce qui constitue d'ailleurs l'une des principales raisons de la désaffection des citoyens pour les institutions.

Il est donc devenu urgent d'associer enfin les citoyens à la construction européenne. Pour espérer pallier ce manque de légitimité dont elle souffre, il serait en effet indispensable que tous les États membres, à l'instar de ce qui existe déjà en Irlande, se décident enfin à soumettre systématiquement à référendum tout nouveau traité européen et à demander à leurs parlements nationaux d'approuver toute nomination de responsables des exécutifs européens (présidents du Conseil européen et de la Commission européenne).

Il est vrai que le référendum, qui constitue l'un des éléments caractéristiques de la démocratie directe, ne fait pas partie de la tradition constitutionnelle de tous les pays de l'Union. Dans certains, comme en Belgique, il semblerait même qu'il soit juridiquement impossible d'y avoir recours, même si un référendum consultatif, dont la constitutionnalité avait alors vivement été critiquée, avait pourtant été organisé en 1950, sur la base d'une décision spécifique du Parlement. Aussi en 2004, l'Assemblée générale de la section de législation du Conseil d'État a-t-elle exclut le recours au référendum pour ratifier le *Traité établissant une Constitution pour l'Europe*, sur le fondement de l'article 33 de la Constitution, qui prévoit que tous les pouvoirs sont exclusivement exercés par les organes qui représentent la nation. L'instauration de toute forme de procédure de consultation populaire nécessiterait donc une révision préalable de la Constitution.

Le Royaume-Uni, dont ce n'était pourtant pas la tradition, a eu recours pour la première fois au référendum le 5 juin 1975 afin de décider de son maintien dans les Communautés européennes après son adhésion le 1er janvier 1973.

Aux Pays-Bas, où il n'existe jusqu'à maintenant aucun texte d'ordre général concernant l'organisation de référendums, c'est donc sur la base d'une loi spécifique que les électeurs ont été consultés sur le « Traité constitutionnel », qu'ils ont rejeté le 1ᵉʳ juin 2005.

C'est bien pourquoi en 44 ans, de 1972 à 2016, 41 référendums seulement ont pu être organisés à propos des questions européennes, dont 12 ont eu un résultat négatif.

Les quatre premiers ont eu lieu en 1972, à l'occasion du tout premier élargissement de la Communauté européenne. Sur les quatre pays concernés (Royaume-Uni, Irlande, Danemark et Norvège), trois avaient en effet choisi de consulter les citoyens. L'adhésion avait ainsi été approuvée en Irlande (83% de oui) et au Danemark (63% de oui), mais rejetée en Norvège (53,3% de non). En France, où un référendum avait également été organisé, 68,3% des électeurs s'étaient montrés favorables à cet élargissement. Quelque temps plus tard, le 23 février 1982, le Groenland, territoire danois d'outre-mer, avait choisi par référendum de quitter la CEE (Communauté économique européenne), avec laquelle il devait d'ailleurs signer ensuite un accord d'association le 13 mars 1984.

Les plus récentes consultations populaires ont eu lieu en 2016. Le 6 avril, les Néerlandais, à l'occasion d'un *référendum «consultatif» d'initiative populaire*, ont rejeté (par 61,1% des voix, mais avec une participation de 32,2%) le projet de loi autorisant la ratification de l'accord d'association créant une zone de libre-échange entre l'Union européenne et l'Ukraine, afin d'aider économiquement ce pays dévasté par la guerre. Le 23 juin les électeurs britanniques ont ensuite décidé de quitter l'Union…

Pour pouvoir les y contraindre, il suffirait au Conseil et au Parlement européen d'adopter un règlement qui pourrait alors les obliger à le prévoir. Mais encore faudrait-il pour cela que la Commission présente une proposition dans ce sens et que les Etats, ainsi que la majorité des députés accepte de le voter, ce qui est encore bien loin d'être acquis ! Une réforme de la plupart des Constitutions nationales, toujours très difficile à obtenir, serait alors ensuite nécessaire.

Il resterait alors toujours possible d'inscrire cette obligation de consulter les peuples européens dans un nouveau Traité ?

Il est vrai que toute procédure de révision n'est guère facile à mettre en œuvre et qu'elle n'est jamais non plus certaine d'aboutir. Il convient en effet d'abord que le gouvernement d'un État membre, le Parlement européen ou la Commission soumette au Conseil un projet en ce sens, que ce dernier devra alors transmettre au Conseil européen et également notifier à l'ensemble des parlements nationaux. Si le Conseil européen, après consultation du Parlement européen et de la Commission, se montre favorable à ces modifications, son président doit alors convoquer, sauf décision contraire, une *Convention* (composée de représentants des parlements nationaux, des chefs d'État et de gouvernement des États membres, du Parlement européen et de la Commission, voire de la BCE), qui adopte une recommandation à l'intention de la *Conférence des représentants des gouvernements des États membres* chargée de décider des modifications à apporter aux traités, lesquelles n'entreront en vigueur qu'après avoir été ratifiées par tous les États membres (art.48§1 à 5 TUE).

Face à de telles difficultés, il serait certes toujours envisageable de contourner cette procédure particulièrement contraignante, en ayant recours à ce qu'il convient d'appeler les « *clauses passerelles* », désormais applicables à toutes les politiques européennes et qui prévoient que lorsque le Conseil statue à l'unanimité dans un cas ou dans un domaine déterminé, le Conseil européen peut adopter une décision l'autorisant à se prononcer à la majorité qualifiée (art.48§7 TUE).

Quelle que puisse être la solution adoptée, tout est donc question de volonté politique.

Il existe pourtant déjà certaines avancées destinées à rendre l'Europe plus démocratique, preuve qu'il est tout à fait possible d'aller plus vite et loin dans ce domaine. Ainsi la Commission a-t-elle très récemment décidé de solliciter l'avis des citoyens européens sur la question du maintien de l'heure d'été.

Alors que de plus en plus de personnes, mais également de pays membres de l'Union (Finlande, Lituanie…) s'interrogent sur le bien-fondé du maintien du changement d'heure, qui s'applique dans l'ensemble des pays de l'Union depuis une première *directive 80/737/CEE du Conseil du 22 juillet 1980 concernant les dispositions relatives à l'heure d'été* (remplacée par la *directive 2000/84/CE du Parlement européen et du Conseil du 19 janvier 2001*) et que le Parlement européen a demandé dans une *résolution du 8 février 2018*, de lancer une évaluation sur le sujet, la Commission européenne a ouvert du *4 juillet au 16 août 2018* une *consultation publique*, sous la forme d'un questionnaire en ligne, accessible dans toutes les langues officielles de l'UE (sauf l'irlandais). Les réponses pouvaient être soumises dans n'importe laquelle de ces langues, même s'il était plutôt conseillé de les rédiger en anglais.

84 % des 4,6 millions qui ont répondu, ce qui constitue le nombre le plus élevé jamais enregistré pour une consultation publique de la Commission, ont souhaité que l'Europe supprime le changement d'heure.

La complexité des mécanismes institutionnels et politiques qui caractérise l'Union contribue également à les en éloigner. Il est donc également nécessaire de les simplifier pour les rendre plus lisibles. Il n'existe en effet pas de démocratie sans transparence.

II. Une Europe plus transparente

La complexité du droit de l'Union européenne contribue également très largement à provoquer le « *déficit démocratique* » dont souffre de plus en plus la construction européenne. Il ne s'agit d'ailleurs pas d'un phénomène nouveau. Ainsi le Conseil d'État français dans un intéressant rapport public (présenté à la presse par son vice-président M. Marceau Long, le 2 juin 1993), largement consacré à l'« *Europe juridique* », le regrettait déjà ! Dans ces « *considérations générales sur le droit communautaire* », il y dénonçait en effet tant le « *foisonnement* » et l'« *opacité* » de ce « *droit venu d'ailleurs* » (profusion, technicité excessive et caractère parfois dérisoire de ses préoccupations, difficultés pour apprécier la portée de certains actes…), que les carences de l'État français en matière européenne. Au 31 décembre 1992, les traités européens représentaient-ils 1045 pages de textes et l'ensemble de la législation de l'UE occupe 97 000 pages du JOCE ; 22 445 règlements et 1675 directives ! (Rapport public 1992, n° 44, Conseil d'État, La Documentation française, Paris 1993).

Depuis la tendance est bien loin de s'être inversée... Qu'il s'agisse en effet du Traité de Maastricht lequel était totalement illisible du fait de sa longueur et de sa complexité, ou un peu plus tard de ceux d'Amsterdam, de Nice, ou encore du *Traité « constitutionnel »* et bien sûr du Traité de Lisbonne... Ce manque de transparence est d'ailleurs particulièrement visible, tant sur le plan *juridique et institutionnel* (**A**), que *politique* (**B**) ou *économique et monétaire* (**C**).

A. L'absence de transparence dans le domaine juridique et institutionnel

- Il semble tout d'abord de plus en plus difficile de justifier l'existence de deux entités juridiques distinctes dotées l'une et l'autre de la personnalité morale (l'*Union européenne* et *Euratom*) et de trois traités, dont les deux principaux concernent la première et la plus importante (TFUE et TUE) et le troisième la seconde (Traité Euratom) ? Il serait en effet largement temps de clarifier la situation en n'en laissant subsister qu'une seule et unique Communauté, comme l'avait d'ailleurs prévu le Traité de Bruxelles du 8 avril 1965 (art.32)... !

- Comment comprendre ensuite la *coexistence au sein de l'appareil institutionnel de l'Union de deux présidents d'exécutif élus*, l'un, le *Conseil européen*, par l'ensemble des chefs d'État ou de gouvernement des États membres pour un mandat de deux ans et demi renouvelable une seule fois et l'autre, la *Commission*, par les chefs d'État et de gouvernement réunis au sein du Conseil européen, après approbation du Parlement européen et ce pour cinq ans, alors que le Conseil des ministres est toujours présidé pour six mois, à tour de rôle par chaque État membre, représenté par son Premier ministre ou son président?

- Comment admettre également que ce soit *le président du Conseil européen qui assure la représentation extérieure de l'Union pour les matières relevant de la politique étrangère et de sécurité commune (art.15 - 6 TUE), alors que sa conduite est confiée au haut représentant (de l'Union pour les affaires étrangères et la politique de sécurité)*, lequel, en tant que mandataire du Conseil, est chargé de son élaboration et de son exécution et doit également veiller, au sein de la

Commission, à la cohérence de l'action extérieure de l'Union ; il en est d'ailleurs de même pour la politique de sécurité et de défense commune (art.18-2 TUE). C'est enfin le Conseil (des ministres) des affaires étrangères, qui est responsable de l'action extérieure de l'UE, qui englobe la politique étrangère, la défense et la sécurité, le commerce, la coopération au développement et l'aide humanitaire ! Situation d'autant plus paradoxale qu'il n'existe pas véritablement de politique extérieure de l'Union, dans la mesure où ce sont les États qui en conservent la maîtrise et où toute décision dans ce domaine doit toujours être prise à l'unanimité par le Conseil européen sur recommandation du Conseil (art.22§1 TUE).

- Dans une Europe de plus en plus fédérale, *il peut aussi sembler contradictoire que l'essentiel des pouvoirs de décision soit confié au Conseil européen et dans une moindre mesure au Conseil des ministres qui restent des institutions intergouvernementales,* contrairement à la Commission qui est en effet la seule à toujours avoir eu un caractère supranational et qui n'a pourtant qu'un rôle de proposition, d'exécution et de sanction...

- Il est par ailleurs difficilement compréhensible que la Commission européenne, certes considérée comme la *garante de l' « intérêt communautaire »* (CJCE, 18 mars 1980, Valsabia c/Commission), détienne seule l'essentiel du *pouvoir d'initiative en matière législative* (art.293§1 TFUE). Il serait en effet beaucoup plus logique que, comme dans la majorité des Etats, ce pouvoir puisse être partagé avec les députés lesquels sont eux directement issus du suffrage universel. Aucun traité modificatif n'a jusqu'à maintenant proposé une telle réforme.

- Pour les *élections européennes*, il est incompréhensible qu'il n'existe toujours *pas de procédure uniforme*, ce qui interdit d'ailleurs au Parlement européen d'accorder aides financières aux partis politiques (CJCE, 23/04/1986, Parti écologiste « Les Verts », 294/83, R. 1339). Les États membres ont seulement l'obligation d'utiliser le scrutin proportionnel, dans un cadre régional avec un seuil minimal qui ne doit pas être supérieur à 5%, soit au scrutin de liste, soit vote unique transférable (*décision du Conseil 2002/772/CE, Euratom du 25 juin 2002 et du 23 septembre 2002*). Ils conservent donc le droit de fixer l'âge de la majorité électorale (18 ans sauf en Autriche où elle est fixée à 16 ans), l'éligibilité (18 à 25 ans), la date du vote (du jeudi au dimanche), ainsi que les procédures électorales. Ainsi en France, la loi du 11 avril 2003 a modifié le mode de scrutin européen, qui est donc organisé, depuis les élections de 2004, au sein de 8 circonscriptions interrégionales (Nord-Ouest, Ouest, Est, Sud-ouest, Sud-est, Massif central-Centre, Ile-de-France, Outre-mer), entre lesquelles les sièges à pourvoir sont répartis proportionnellement à la population. Les députés français sont élus au scrutin de liste à la représentation proportionnelle à un tour. Les électeurs choisissent donc une liste sur laquelle ils ne peuvent rayer aucun nom, ni changer l'ordre. Les listes ayant recueilli moins de 5 % des suffrages exprimés des voix ne sont pas admises à la répartition des sièges, ce qui demeure très difficile à comprendre et tend à nier l'existence des petites formations politiques...

Ainsi dans la perspective des élections des 23 et 26 mai 2019, les députés européens ont-ils adopté, le 13 juin 2018 (par 566 voix pour, 94 contre et 31 abstentions), une modification de la répartition des sièges au Parlement de Strasbourg, qui après le départ du Royaume-Uni et de ses 73 députés ne comptera plus que 705 députés (au lieu de 751). Ces sièges vacants seront alors attribués à 14 pays de l'UE considérés comme "légèrement sous-représentés".

L'Espagne en aura cinq de plus (59), l'Italie trois (76), les Pays-Bas trois (29), l'Irlande deux (13), la Pologne, la Roumanie, la Suède, l'Autriche, le Danemark, la Slovaquie, la Finlande, la Croatie et l'Estonie chacun un.

Rien d'étonnant à ce que dans ces conditions l'abstention n'ait cessé de se développer depuis la première élection des députés européens au suffrage universel direct qui a eu lieu du 7 au 10 juin 1979 pour désormais toucher plus d'un électeur sur deux (38,01% en 1979, 41,02% en 1984, 41,59% en 1989, 43,33% en 1994, 50,49% en 1999, 54,53% en 2004, 57% en 2009, 56,91% en 2014) !

- Dans un tout autre domaine, il est enfin difficilement compréhensible que les *accords de Schengen* (14 juin 1985 et 19 juin 1990), qui visent à permettre la libre circulation des personnes, tout en harmonisant les contrôles aux frontières extérieures et en renforçant la coopération policière et judiciaire, réunissent *26 Etats*, dont 22 appartiennent à l'UE (tous sauf *RU*, *Irlande*, *Chypre*, *Bulgarie*, *Roumanie* et *Croatie)* et 4 lui sont extérieurs (*Norvège, Islande, Suisse, Principauté du Liechtenstein*). Ces accords qui à l'origine étaient de nature internationale ont ensuite été intégrés en droit de l'Union depuis le 1er mai 1999 par le Traité d'Amsterdam, alors même que certains de leurs signataires n'en sont même pas membres et que d'autres, tout en appartenant pourtant à l'Union, ont choisi de rester volontairement en dehors de l'espace Schengen!

B. L'absence de transparence dans le domaine politique

Elle tient en grande partie à l'opacité du processus décisionnel et a des conséquences sur le caractère plus ou moins moral de certaines nominations.

- Il n'est en effet absolument pas tolérable que la désignation des principaux responsables européens, qu'il s'agisse des *présidents de la Commission*, du *Conseil européen*, du *Parlement européen* ou du *haut représentant de l'Union pour les affaires étrangères et la politique de sécurité*, résulte de tractations plus ou moins secrètes entre les dirigeants des différents pays membres et que par conséquent les citoyens en soient totalement exclus. Seule la présidence du *Conseil des ministres* est attribuée de manière relativement claire, puisque chaque État membre est appelé à l'exercer à tour de rôle pour une période de 6 mois, suite à une décision du Conseil (cf. *décision du 1ᵉʳ janvier 2007 portant fixation de l'ordre d'exercice de la présidence du Conseil* qui en a fixé le déroulement de 2007 à 2020,   afin que tous les nouveaux États membres, suite aux élargissements de 2004 et 2007, puissent l'assumer.

Il peut ainsi sembler choquant de voir les chefs d'État et de gouvernement (27 juin 2014), puis les députés européens (15 juillet 2014) se mettre d'accord pour désigner à la tête de la Commission européenne le luxembourgeois Jean-Claude Junker (depuis le 1ᵉʳ novembre 2014), qui avait été de 1995 à 2013, le Premier ministre d'un pays souvent considéré comme un paradis fiscal... Rien d'étonnant à ce qu'il refuse systématiquement de répondre aux nombreuses demandes du Parlement européen et de la presse européenne concernant les avantages fiscaux consentis par son pays à certains contribuables. Quand il était premier ministre (de 1995 à 2013), plus de 300 multinationales (comme PepsiCo Inc, AIG Inc ou la Deutsche Bank) ont en effet bénéficié d'accords fiscaux préférentiels secrets avec le Luxembourg, qui, selon le *Consortium international des journalistes d'investigation* (rapport publié le 5 novembre 2014) leur auraient permis de déclarer des centaines de millions d'euros au Grand-duché et d'économiser ainsi des millions d'euros d'impôts. Cet État, d'où le président de la Commission est issu, est d'ailleurs placé depuis 2008 sur la liste grise des *paradis fiscaux* de l'*Organisation de coopération et développement économiques (OCDE)*, qui les définit selon quatre critères : *fiscalité absente ou très faible, absence de transparence, pas d'échanges d'informations avec les administrations,* et *acceptation des sociétés-écrans sans activité économique réelle.*

- Ainsi la nomination surprise, le 8 juillet 2016, de l'ancien président de la Commission européenne, José Manuel Barroso (2004 - 2014), en tant que conseiller et président non exécutif du conseil d'administration de la banque d'investissement américaine Golden Sachs n'est-elle pas, selon les termes mêmes utilisés par François Hollande « *moralement inacceptable* » ?
- La promotion pour le moins surprenante de l'allemand Martin Selmayr, directeur de cabinet de Jean-Claude Juncker, au poste-clé de secrétaire général de la Commission (33 000 fonctionnaires), à compter du 1er mars 2018, annoncée de manière très inhabituelle, le 21 février, par le président de la Commission lui-même, sans que le collège des commissaires en ait préalablement été informé est totalement inadmissible!

- Début 2018, le scandale Novartis, le géant pharmaceutique soupçonné d'avoir offert des voyages, des cadeaux et même de fortes sommes d'argent à 4500 médecins, à des fonctionnaires et à des hommes politiques pour favoriser la vente de ses produits et d'être à l'origine d'un système de corruption et de blanchiment d'argent dans lequel est impliqué l'actuel commissaire européen en charge de la migration et ancien ministre grec de la Santé, Dimitris Avramopoulos est encore moins acceptable !

Le nouveau *Code de conduite des membres de la Commission européenne*, adopté le 31 janvier 2018 à l'initiative du président Juncker, qui aurait pu marquer le début d'une nouvelle ère au sein de la Commission, n'a, malgré certaines améliorations, malheureusement rien changé à la situation...

Sans doute conviendrait-il plutôt de faire désigner au moins le président du Conseil européen par l'ensemble des citoyens européens, ce qui permettrait également de rendre aussi l'Europe plus démocratique.

L'ancien président de la République française, Valery Giscard d'Estaing, ne s'était-il pas déjà prononcé pour l'élection d'un « *Président de* l'*Europe* » au suffrage universel direct, afin de créer un *lien affectif* entre lui et les citoyens, comme c'est le cas en France, depuis que le peuple est appelé à désigner ainsi le Chef de l'État, procédure à laquelle il reste toujours très attaché. Cela permettrait d'ailleurs également de renforcer la transparence des institutions de l'Union. Plus récemment (en 2011) la CDU allemande proposait d'élire au suffrage universel le président de la Commission européenne, afin d'éviter les tractations plus ou moins secrètes entre les chefs d'États ou de gouvernements qui nuisent à la transparence de l'Union.

Il est clair que de telles réformes qui paraissent encore impensables dans le contexte actuel, contribueraient en ouvrant un large débat sur les institutions européennes, à clarifier le rôle de chacune de ces présidences. Elles permettraient également de conférer à l'Europe la *"personnalité"* dont elle a besoin pour permettre aux citoyens de se sentir plus proches de ses institutions et donc plus concernés par l'Europe. Grâce au suffrage universel, ils pourraient alors retrouver confiance en elle.

- Comment accepter qu'après les deux derniers renouvellements du Parlement européen, les deux grandes formations majoritaires, le

« *Parti populaire européen et des démocrates européens* » et l'« *Alliance progressiste des socialistes et des démocrates au Parlement européen* »), qui votent neuf fois sur dix dans le même sens, se soient secrètement mis d'accord pour se partager les cinq années de présidence ? Ainsi, après les élections de juin 2009 ont-ils décidé de choisir pour deux ans et demi, le conservateur polonais Jerry Buzek (14 juillet 2009 - 16 janvier 2012), puis le socialiste allemand Martin Schulz (17 janvier 2012 – 30 juin 2014), lequel sera d'ailleurs à nouveau réélu après les élections de juin 2014 (1er juillet 2014 – 16 janvier 2017), avant de céder la place au conservateur italien Antonio Tajani, élu le 17 janvier 2017… Ils donnent ainsi l'impression de s'entendre entre eux sur le dos de leurs électeurs !

Ne devraient-ils pas se résoudre enfin à mettre leurs paroles en accord avec leurs actes ?

Il ne faut pas qu'ils s'étonnent que les citoyens ne connaissent ni leurs noms, ni parfois même leur existence… Comment dans ces conditions peut-on espérer les intéresser à l'Europe ?

C. L'absence de transparence dans le domaine économique et monétaire.

Elle tient en grande partie à la complexité des mécanismes en place tant sur le plan monétaire que sur le plan fiscal.

- Ainsi l'***euro***, dont l'idée avait été lancée dans le « *Rapport Werner* » (du nom du Premier ministre du Luxembourg) le 8 octobre 1970, fonctionne mal en l'absence d'une union économique ou du moins d'une vision économique globale, d'où l'idée développée par certains dont le Président Macron de mettre en place un véritable gouvernement de la « zone euro ». Comme le faisait justement remarquer le Manifeste « *Pour une Union politique de l'euro* », lancé par un certain nombre d'économistes et de politologues, dont Thomas Piketty ou Pierre Rosanvallon et publié par le journal le Monde, le 16 février 2014 (avant que la Lituanie ne rejoigne la zone euro, le 1er janvier 2015) : « *avec 18 dettes publiques différentes sur lesquelles les marchés peuvent librement spéculer, et 18 systèmes fiscaux en concurrence débridée les uns avec les autres… * ».

La monnaie unique, qui, selon Pierre Moscovici, alors ministre délégué aux Affaires européennes, n'aurait de réelle signification que dans une Europe fédérale (le Figaro, 20 septembre 1997), n'a-t-elle pas été instituée trop tôt?

Il n'est en donc absolument pas logique que les 19 États qui ont adopté l'euro n'aient plus du tout la maîtrise de leur politique monétaire, désormais confiée à la *Banque Centrale européenne* (*BCE*), alors qu'ils conservent, du moins en principe, celle de leur politique économique, qui lui est pourtant indissociable !

Il est aussi difficile d'admettre qu'aucun des pays européens les plus performants (Suède, Royaume-Uni et République tchèque) n'appartient toujours pas à la zone euro...

Comment peut-on admettre que la Grèce, qui connait depuis 2008 l'une des plus graves crises économique financière et sociale de toute son histoire (355 milliards d'euros de déficit fin 2011 et 317 milliards d'euros fin 2014) ait pu rejoindre la zone euro (1er janvier 2001) grâce à la falsification de ses comptes par la banque Goldman Sachs (2009), que l'ancien président de la Commission européenne, José Manuel Barroso (2004 - 2014) s'est d'ailleurs empressé de rejoindre dès le 8 juillet 2016 ? Après huit longues années de tutelle financière, ce pays a ainsi perdu un quart de son PIB, a vu ses infrastructures et a conduit à l'exil près de 400 000 de ses 11 millions d'habitants.

L'absence de lisibilité des traités afférents au fonctionnement de la zone euro ne contribue pas non plus à rapprocher la monnaie unique des citoyens qui l'utilisent pourtant depuis 2002 ! Pour s'en convaincre il suffit de prendre l'exemple du *Fonds européen de stabilité financière (FESF)*, du *Traité instituant un mécanisme européen de stabilité financière (MESF)* et du *Traité sur la stabilité, la coordination et la gouvernance (TSCG)*, adoptés l'un est l'autre dans la plus grande discrétion et dont le grand public ignore tout ne serait-ce que l'existence même.

Le *Fonds européen de stabilité financière (FESF)*, qui siège à Luxembourg, est un fonds commun de créances approuvé par 27 États membres, le 9 mai 2010. Il vise à préserver la stabilité financière en fournissant une assistance financière aux pays de la zone euro en difficulté économique, grâce à la Banque européenne d'investissement qui lui fournit les services de gestion de trésorerie et la gestion administrative.

Le *Traité instituant le Mécanisme européen de stabilité (MES)*, signé le 2 février 2012 à Bruxelles par les seuls pays membres de la zone euro est entré en vigueur le 27 septembre 2012, après avoir été ratifié par un nombre d'États détenant

90% du capital de la société anonyme luxembourgeoise mise en place par le Conseil européen du 9 mai 2010 pour aider les pays en difficulté. Ceux qui n'en font pas partie pourront également participer aux opérations de soutien à la stabilité. Il s'agit d'une institution financière internationale autonome bénéficiant de privilèges et d'immunités (comme le FMI), dont le siège est à Luxembourg, destinée à aider les pays de la zone euro, si cela est indispensable pour préserver la stabilité financière.

Le *Traité sur la stabilité, la coordination et la gouvernance* (*TSCG*) plus connu sous le nom de *Pacte budgétaire européen*, signé le 2 mars 2012 à Bruxelles par les chefs d'État et de gouvernement de 25 États membres (tous sauf le Royaume-Uni et la République tchèque), vise à préserver la stabilité de l'ensemble de la zone euro. Pour entrer en vigueur, il suffisait qu'il soit ratifié dans 12 États sur 25 ; dès la 12e ratification, il s'applique donc dans ces 12 États (depuis le 1er janvier 2013), avec la possibilité pour les autres de les rejoindre ensuite. Il impose à ses signataires d'adopter des lois destinées à équilibrer leur budget et si les mesures qu'elles prévoient ne sont pas appliquées dans l'année suivant la ratification, la Cour de justice de l'Union européenne se réserve alors le droit de leur imposer aux pays une amende allant jusqu'à

0,1 % de leur PIB. François Hollande, durant la campagne électorale pour la présidentielle de 2012, s'était pourtant engagé, s'il était élu, à re-négocier ce traité qui prévoyait des mesures d'austérité, susceptibles de plonger l'économie européenne dans une récession prolongée, pro-messe difficile à réaliser d'autant que la Grèce l'avait déjà ratifié (le 28 mars 2012). Une fois élu, suite à la consultation du 22 avril et du 6 mai 2012, il s'est d'ailleurs empressé de renoncer à cet engagement, préférant plutôt compenser les effets négatifs de ce Pacte par des politiques plus favorables à la croissance...

 - L'existence d'une ***fiscalité très différente selon les États*** constitue également un obstacle à l'efficacité de leurs politiques économiques et financières.

La fiscalité, qui relève encore très largement de la compétence nationale est pourtant avec la dé-fense, l'un des sujets les plus fréquemment dis-cutés au niveau européen. Ainsi, si la plupart des Etats ont adopté, depuis plus ou moins long-temps, le prélèvement à la source (Allemagne dès 1925, Pays-Bas, 1941, Royaume-Uni, 1944, Belgique, 1962, Italie, 1973, Espagne, 1979....), la France finira par les rejoindre le 1er janvier 2019.

L'harmonisation de la fiscalité, qui nécessite l'unanimité des membres du Conseil, quasiment impossible à réaliser, est pourtant envisagée depuis de nombreuses années, particulièrement pour ce qui concerne l'impôt sur les sociétés.

Ainsi la proposition de *directive du Conseil du 16 mars 2011 concernant une assiette commune consolidée pour l'impôt sur les sociétés (ACCIS)* n'a-t-elle jamais pu être adoptée. Lors du Sommet franco-allemand du 26 août 2011, le président français Nicolas Sarkozy et la Chancelière allemande Angela Merkel, avaient alors pris l'engagement de mettre en place, dès le 1er janvier 2013, un « *impôt sur les sociétés* » (*IS*), commun entre l'Allemagne et la France, avec une harmonisation de l'assiette et des taux", en espérant que son adoption pourrait inciter d'autres pays à se joindre à eux ! Ce projet, pourtant prudent dans la mesure où les deux pays ont des taux relativement proches, n'a jamais abouti...

La transparence, qui suppose l'existence d'un système institutionnel et politique compréhensible par le plus grand nombre, constitue pourtant un élément indissociable de la démocratie. Elle est d'ailleurs, depuis le début des années quatre-vingt-dix (Conseil européen d'Édimbourg des 11 et 12 décembre 1992), une exigence constamment rappelée par les instances européennes et tout particulièrement par la Commission, comme tend par exemple à le montrer l'obligation pour le Conseil de rendre publics certains de ses travaux (art.240§3 TFUE), ou plus récemment la création d'un registre de transparence pour les groupes de pression en 2011...

Il reste malgré tout encore beaucoup à faire dans ce domaine.

Il serait donc en effet plus qu'urgent de prendre un certain nombre d'initiatives destinées à rapprocher les citoyens de l'Europe comme l'avaient d'ailleurs souhaité ses pères fondateurs. Pour s'en convaincre il suffit de se rappeler la phrase prononcée par Jean Monnet le 30 avril 1952 dans son célèbre discours en faveur d'«*une Europe fédérée*» devant le *National Press Club* de Washington : « *Nous ne coalisons pas des États, nous unissons des hommes* ». La Cour de justice de Luxembourg dans son très célèbre arrêt *Van Gend en Loos* en 1963 ne déclarait-elle pas que le Traité de Rome « *au-delà des gouvernements vise les peuples* » et qu'il « *est destiné à engendrer des droits dans leur patrimoine juridique* », avant de reconnaître que le droit qui en découle s'adresse « *non seulement aux États membres, mais également à leurs ressortissants »*. Il est donc grand temps de remettre les citoyens européens au cœur de la construction européenne, à laquelle ils ne comprennent malheureusement toujours pas grand-chose....

Pour espérer y remédier, il conviendrait donc d'abord de *simplifier la structure institutionnelle de l'Union* : un seul exécutif, responsable devant le Parlement et dont le président devrait pouvoir être élu par les députés, eux-mêmes issus du suffrage universel. Les mécanismes décisionnels devraient d'ailleurs également être clarifiés pour devenir compréhensibles par le plus grand nombre.

Il serait ensuite également souhaitable de s'efforcer de regrouper dans un seul instrument juridique les deux traités applicables à l'Union européenne actuellement en vigueur, le *Traité sur l'Union Européenne (TUE)* et le *Traité sur le fonctionnement de l'Union européenne (TFUE)*, tout en s'efforçant de réduire sensiblement le nombre de leurs dispositions (55 pour le premier et 358 pour le second, soit un peu de 400 en tout !). A titre de comparaison, la *Convention de sauvegarde des droits de l'homme et des libertés fondamentales*, plus connue sous le nom de *Convention européenne des droits de l'homme*

(*CEDH*) du 4 novembre 1950 comporte seulement 59 articles, 1 protocole additionnel et 6 protocoles et la *Convention relative à l'Organisation de Coopération et de Développement Economiques* du 14 décembre 1960, 21 articles, 3 protocoles et 5 déclarations... Même si leur objet était moins beaucoup large que celui des Communautés européennes, il est clair qu'il est toujours possible d'en réduire le volume.

Il faudrait donc réunir les deux grands traités européens (TUE et TFUE) en un seul, lequel ne devrait pas comporter plus d'une centaine d'articles. La Constitution française du 4 octobre 1958, pourtant considérée comme l'une des plus longues d'Europe, n'en contient que 89.

Il conviendrait aussi de diminuer sensiblement le nombre de *protocoles* (37 pour le TFUE et seulement 2 pour le Traité Euratom) et d'*annexes* (2 pour le TFUE et 5 pour le Traité Euratom), qui ont la même valeur juridique que les traités (art.51 TUE, art.207 Euratom) qu'ils sont appelés à compléter, ainsi que de *déclarations* (65 pour le TFUE) relatives à certaines dispositions des traités et à certains protocoles ou émanant de certains États. Pourquoi ne pas en intégrer certains directement dans le corps du Traité ? Ce pourrait être le cas pour les plus importants d'entre eux comme la *Déclaration 17 relative à la primauté* qui rappelle que, « *selon une jurisprudence constante de la Cour de justice de l'UE, les traités et le droit adopté par l'Union sur la base des traités priment le droit des États membres, dans les conditions définies par ladite jurisprudence* ».

Il resterait alors toutefois possible de conserver le *Traité instituant la Communauté Européenne de l'Energie Atomique (Euratom),* qui n'a qu'une portée limitée, dans la mesure où après avait été créé en 1951 pour coordonner les programmes de recherche des États en vue d'une utilisation pacifique de l'énergie nucléaire, cette Communauté se limite aujourd'hui à mettre en commun les connaissances, les infrastructures et le financement dans ce domaine.

Au-delà de ces réformes, qui toucheraient essentiellement la structure institutionnelle et juridique des traités, il serait indispensable de procéder à des modifications plus en profondeur de la nature de l'Union. Il est certain qu'une Europe moins libérale contribuerait aussi à la rapprocher des citoyens.

III. Une Europe moins libérale

Dans la mesure où les ***traités originaires*** et les ***traités modificatifs*** ont toujours résolument choisi de s'inscrire dans le cadre d'une économie libérale, il n'est pas étonnant que le ***droit dérivé*** (règlements et directives) ait encore accentué cette orientation, particulièrement depuis la fin des années quatre-vingt ; ***l'Union, qui s'est trop souvent montrée complaisante à l'égard des paradis fiscaux,*** a enfin tout à fait logiquement ***adhéré*** à ***certaines organisations internationales visant à libéraliser le commerce mondial***.

A. Les traités s'inscrivent tous dans une orientation résolument libérale.

Il ne faut en effet jamais perdre de vue que la toute première Communauté européenne (CECA) avait été créée en 1951, en pleine guerre froide par six des quinze pays européens qui bénéficiaient des quelques 13 milliards de dollars officiellement prêtés par les américains (« *Programme de rétablissement européen* », dit « *Plan Marshall* »), entre le 3 avril 1948 et le 30 juin 1952. Cette somme très importante, dont seulement 20% devait en effet être effectivement remboursés dans les années soixante, avait d'abord pour but de permettre à l'Europe de se reconstruire après les années de guerre, afin de lui permettre d'acheter des produits américains ; mais au-delà de ces objectifs essentiellement économiques, il s'agissait surtout de la préserver de la tentation communiste, en la maintenant solidement et durablement dans le camp occidental et libéral.

Ainsi, le *Traité de Paris*, signé le 8 avril 1951, par la France, l'Allemagne, l'Italie et les trois pays du Benelux, avait-il donné naissance à une Communauté qui avait pour but d'organiser la liberté de circulation du charbon et de l'acier, sans droits de douane ni taxes, ni restrictions quantitatives (« contingentements »), ainsi que le libre accès aux sources de production. Il interdit tant les mesures et les pratiques discriminatoires ou restrictives, que les subventions, les aides ou les charges spéciales de l'État. Il sanctionne les comportements susceptibles d'empêcher, de restreindre ou de fausser directement ou indirectement, le jeu de la concurrence (ententes, concentrations et abus de position dominante). Les ententes ou associations d'entreprises, peuvent être annulées par la Haute autorité si elles empêchent, restreignent ou faussent directement ou indirectement, le jeu de la concurrence.

Le *Traité de Rome* du 25 mars 1957 ne dit pas autre chose. La concurrence « *non faussée* », conçue comme le prolongement du libre-échange et du principe de non-discrimination constitue un outil au service de ses objectifs et constitue le prolongement de la concurrence « *loyale* » qui figure parmi les considérants du préambule du Traité (« *loyauté dans la concurrence* »).

Tous les traités modificatifs, qui ont ensuite été adoptés, se sont d'ailleurs depuis plus ou moins explicitement référés au libéralisme, particulièrement depuis les années quatre-vingt avec l'Acte unique européen en 1987 et surtout avec le Traité de Maastricht en 1992.

Souvent assimilée à la conception française de « *service public* », que le droit de l'UE n'évoque d'ailleurs qu'une seule fois à propos des aides compatibles en matière de transports (art.93 TFUE), la notion européenne de *service d'intérêt général* (art. 106§2 TFUE et Protocole n°26 du Traité de Lisbonne), est pourtant assez différente. Elle est en effet beaucoup plus large, dans la mesure où elle englobe aussi bien les *services d'intérêt économique général (SIEG)*, que les *services sociaux d'intérêt général (SSIG)*, lesquels sont souvent placés en concurrence avec le privé. Elle se rapprocherait plutôt de celle de *service universel*, qui vise les prestations de base (comme la téléphonie), lesquelles sont offertes par un SIEG dans des conditions financières plus avantageuses.

La référence à la « *concurrence libre et non faussée* », pourtant inscrite dans l'article 2 du « *Traité constitutionnel* » rejeté à la suite des référendums français et néerlandais en mai et juin 2005, a cédé la place, dans le Traité de Lisbonne, à une formulation certes moins explicite, mais foncièrement équivalente selon laquelle « *le marché intérieur [...] comprend un système ga-*

rantissant que la concurrence n'est pas faussée ».
Elle figure désormais, non dans le corps du traité,
mais dans le *protocole (n°27) sur le marché intérieur et la concurrence*, qui a, rappelons-le, exactement la même valeur juridique…

Dans les années quatre-vingt, le droit dérivé
s'est donc logiquement efforcé de renforcer
cette tendance en demandant aux États de déré-
glementer de nombreux secteurs de leur économie (gaz, électricité, service postal, transports,
téléphonie…), qui devront désormais être soumis
à la concurrence.

B. Le droit dérivé (règlements et direc-tives) a également suivi une évolution libérale

Même si toute référence explicite à la « *concurrence libre et non faussée* » est désormais aban-
donnée dans les traités, l'Union européenne s'est
développée sur la base d'un *marché intérieur*, qui
permet la *libre circulation des marchandises, des
personnes, des services et des capitaux* (les
« quatre libertés ») et qui constitue le cadre
d'une politique économique libérale, à laquelle
les États, comme les entreprises, sont absolument tenus de se soumettre, quelles que puis-

sent en être les conséquences. Il en résulte le plus souvent la déréglementation voire même la destruction des services publics, la multiplication des licenciements boursiers, les délocalisations, le chômage de masse, la précarité et l'impossibilité de mener des politiques soucieuses de la protection de l'environnement...
Il est clair que même si l'Europe n'est pas la seule responsable, elle est loin d'être étrangère à cette situation. Il n'est d'ailleurs pas difficile d'en trouver quelques illustrations, qu'il s'agisse de *l'impossibilité pour tout Etat de procéder à des nationalisations*, de la *facilité pour une entreprise de procéder au détachement de travailleurs*, de la *libre circulation des services*, du *poids croissant des groupes de pression* ou de la *complaisance de l'Union à l'égard des géants du numérique*.

- Il ne serait par exemple plus du tout possible à un État membre de décider, comme l'avait pourtant largement fait la France en 1982, de *natio-naliser* une ou plusieurs entreprises se trouvant sur son territoire, bien que théoriquement « *les traités ne préjugent en rien le régime de la pro-priété dans les États membres* » (art.345 TFUE). L'ensemble du droit dérivé, particulièrement depuis la fin des années quatre-vingt, va en effet dans le sens d'une remise en cause du secteur public. Ce type d'opération ne pourrait être envisageable qu'en période de crise financière ou bancaire, comme ce fut le cas en 2008, et encore avec l'accord de la Commission européenne...

- La *directive 96/71/CE du PE et du Conseil du 16 décembre 1996 concernant le détachement de travailleurs effectué dans le cadre d'une presta-tion de services* constitue un excellent exemple de cette « dérive » libérale. Ce texte permet en effet à toute entreprise de l'Union d'envoyer temporairement ses salariés dans un autre pays membre. Ces travailleurs dits détachés, qui ne représentent que 0,7% de l'ensemble des sala-riés, mais dont le nombre a augmenté de plus de 45% entre 2000 et 2014 (400 000 en France en 2014), bénéficient alors des conditions de travail du pays d'accueil (salaire minimum, durée du travail, congés payés...), mais les charges sociales restent celles du pays d'origine. Une situation qualifiée parfois, notamment par le gouverne-ment français, de "*dumping social*", qui consiste à rendre moins coûteux le prix de revient d'un salarié sur les marchés étrangers que sur le mar-ché national.

Ces travailleurs détachés, pour la plupart origi-naires de pays de l'Est (Bulgarie, République tchèque, Lituanie, Pologne, Roumanie, Croatie, Lettonie, Hongrie, Slovaquie, Estonie) et travail-lant à l'Ouest, coûtent en effet beaucoup moins

cher aux employeurs. Ils sont en effet généralement rémunérés au salaire minimum du pays
d'accueil et leurs charges sociales relèvent de
leur pays d'origine. Mais grâce aux exonérations
de charges sociales sur les bas salaires, un salarié
payé au SMIC et cotisant en France coûterait
moins cher qu'un travailleur détaché originaire
d'Europe de l'Est... Il est donc nécessaire de lutter contre les abus pratiqués par certains employeurs (travail le samedi et le dimanche, non-
paiement des heures supplémentaires, non-inté-
gration des frais de transport et d'hébergement
au salaire...). Il conviendrait également de mettre
fin aux pratiques de faux détachements, assimi-
lables à du travail illégal. Ainsi, des établissements « boîte à lettres » sont-ils créés par une
entreprise française dans un autre État membre,
qui verse des cotisations sociales beaucoup plus
faibles, sans pour autant exercer une activité réelle, afin de justifier du détachement de travailleurs recrutés dans ce pays. Or, la proposition
de réforme de cette directive, présentée par la
Commission européenne le 8 mars 2016, a bien
du mal à être acceptée par les États...

- On se souvient de l'émotion provoquée début
2005, lors de la campagne pour le référendum
du Traité constitutionnel par la *directive relative
aux services dans le marché intérieur*, adoptée

par la Commission en janvier 2004, à l'initiative de l'ancien commissaire à la concurrence le néerlandais Frits Bolkestein. Ce texte, qui visait à libéraliser les services à l'intérieur de l'Union européenne, prévoyait en effet qu'un prestataire de services travaillant temporairement dans un autre État de l'Union que le sien soit *"uniquement"* soumis au droit social et fiscal de son *pays d'origine*, et non au droit du pays où il exerce son activité. Considéré comme un symbole de l'ultralibéralisme auquel aurait cédé l'Europe, il avait été à l'origine de très nombreuses critiques, particulièrement en France, en Belgique ou en Suède. Ainsi une entreprise dont le siège social se situerait en Pologne pourrait-elle choisir d'appliquer ses propres règles sociales et environnementales dans ses usines ou dans ses bureaux établis en France, en Allemagne, ou dans tout autre pays européen. Un salarié français embauché en France par cette entreprise aurait donc dû travailler dans les mêmes conditions qu'un salarié en Pologne…

Après plus de deux ans d'intenses controverses, cette directive qui n'avait d'ailleurs pas été sans conséquence dans les résultats de l'échec du « *Traité constitutionnel* », a été modifiée par la Commission européenne le 4 avril 2006 (*Directive 2006/123/CE du Parlement européen et du*

Conseil du 12 décembre 2006 relative aux services dans le marché intérieur).

- Les *groupes de pression*, destinés à défendre des intérêts privés, généralement des entreprises ou des régions, en s'efforçant d'exercer de façon plus ou moins discrète leur influence sur les processus décisionnels de l'Union, se sont assez rapidement multipliés dans l'entourage des institutions européennes, particulièrement du Parlement européen de la Commission, laquelle a d'ailleurs encouragé leur développement, préférant d'ailleurs les qualifier d' « *organisations* », plutôt que de « *lobby* ». Ils font désormais l'objet d'une reconnaissance officielle de leur part et sont en principe recensés sur un « *registre de transparence* » (depuis l'accord entre le Parlement européen et la Commission européenne du 23 juin 2011). Ils emploient de 15 à 30 000 personnes (presque autant que de fonctionnaires européens !), faisant rapidement de Bruxelles la capitale mondiale du « *lobbyisme* ». Nombre de leurs salariés, souvent officiellement rémunérés par des entreprises privées, siègent en tant qu'« experts » dans les quelque 450 comités chargés d'encadrer la *Commission* dans son pouvoir d'exécution des règles établies par le Conseil. Ainsi sont-ils à l'origine de près de 5000 décisions, avis ou propositions de la Commission.

Leur action se limite en principe aux aspects législatifs et exécutifs de la « *représentation d'intérêts* ». Le *Conseil des barreaux européens* s'était par exemple opposé à l'adoption des *directives sur le blanchiment d'argent*, censées porter atteinte au secret professionnel, et avait œuvré en faveur de l'exclusion de la profession du champ d'application de la *directive 2006/123/CE du 12 décembre 2006 relative aux services dans le marché intérieur.*

Les lobbies sont également à l'origine du rejet de la *directive sur les brevets logiciels*, adoptée le 7 mars 2005 par le Conseil des ministres. Mais ils ont été particulièrement actifs lors des discussions relatives au projet de *réglementation REACH* (*Registration, Evaluation, Authorisation of Chemicals*), visant à contrôler 30 000 substances chimiques utilisées dans la fabrication de nombreux produits (parfums, jouets, produits de nettoyage, meubles, etc.). Ils ont en effet réussi à en réduire assez sensiblement la portée (abandon de l'obligation de substitution).

Le poids de ces groupes de pression n'est certainement non plus pas sans lien avec la décision de la Cour d'interdire aux États membres de s'opposer aux OGM autorisés au niveau européen, sauf à prouver un risque «*grave*», «*évident* », pour « *la santé ou l'environnement* » (*CJUE, 13 septembre 2017, G. Fidenato et autres*). Cet arrêt, en réduisant à néant le « *principe de précaution* » appliqué aux OGM, ne contribue pas à rassurer les défenseurs d'une agriculture naturelle...

Le glyphosate, un désherbant nuisible à l'environnement et classé comme « *cancérogène probable* » en mars 2015 par le *Centre international de recherche sur le cancer* (CIRC), qui dépend de l'*Organisation mondiale de la santé* (OMS), a obtenu, le 27 novembre 2017, une nouvelle autorisation européenne pour 5 ans à compter du 15 décembre. Plus d'1,3 million de personnes, qui déploraient l'influence exercée par le géant de l'agrochimie Monsanto, avaient pourtant signé une pétition réclamant son interdiction, au nom du respect du *principe de précaution* ! Il faut espérer que sa condamnation par la justice californienne, le 10 août 2018, à verser une indemnité de 289,2 millions de dollars (248 millions d'euros) à un jardinier américain, victime du glyphosate, pour ne pas avoir informé de la dangerosité du Roundup, servira de leçon à la Commission européenne.

Le 24 mai 2018, un producteur de lavande de la Drôme, rejoint par dix autres familles venues de toute l'Europe, mais aussi d'Afrique et du Pacifique, avec le soutien d'ONG, de scientifiques et de juristes, ont même été jusqu'à assigner le Parlement et le Conseil des ministres devant la justice européenne pour violation des droits fondamentaux. Ils reprochent en effet à l'Union de ne pas suffisamment protéger les citoyens contre le risque climatique, qui serait à l'origine de la diminution de 44% de leur récolte en 6 ans.

- L'Europe se montre également beaucoup trop tolérante à l'égard des *géants du numérique*. Ainsi, lors du Conseil des ministres du 1er juin 2018, l'Irlande, Malte et le Luxembourg, qui s'apparentent tous plus ou moins à de véritables paradis fiscaux, rejoints par la Suède, la Finlande et le Danemark, se sont-ils opposés aux deux propositions de directives présentées par la Commission le 21 mars 2018 visant à instaurer une taxe provisoire de 3% (*taxe GAFAM*) sur les revenus des cinq plus grandes entreprises actives sur Internet (Google, Apple, Facebook, Amazon et Microsoft). Cet impôt, qui ne s'appliquerait en réalité qu'à celles dont le chiffre d'affaires mondial serait supérieur à 750 millions d'euros par an et dont les recettes atteindraient 50 millions d'euros en Europe, pourrait rapporter 5 milliards d'euros par an. Ce dispositif, dont les petites start-up du secteur seraient écartées, concernerait 150 entreprises et pas seulement les *GAFAM*. Une telle mesure, dont l'adoption nécessiterait l'unanimité des États comme toujours en matière fiscale (art.113 TFUE), permettrait surtout de mettre fin au scandale de leur non-imposition.... Il est en effet « *injuste et inéquitable »,* comme l'avait pourtant rappelé Jean-Claude Juncker président de la Commission européenne, le 30 mai 2018, devant le Parlement européen, « *que les géants de l'internet payent 8% d'impôts et que les PME payent 30% ».*

On peut même se demander à cette occasion pourquoi l'Europe ne se doterait pas de ses propres entreprises dans ce domaine, plutôt que de se soumettre à ces compagnies, lesquelles sont en effet toutes américaines et qui, en 2015, représentaient 1 675 milliards de dollars contre seulement 1 131 milliards de dollars pour l'ensemble des entreprises françaises cotées au CAC 40... L'ensemble de ces activités numériques devraient représenter 4% du produit intérieur brut (PIB) de l'UE en 2020.

Comment ne pas en déduire que l'Union puisse ainsi faire preuve d'une certaine complaisance vis à vis des paradis fiscaux ?

C. L'Union se montre trop souvent complaisante à l'égard des paradis fiscaux

Pourtant lorsque Jean-Claude Juncker, actuel président de la Commission, en était le Premier ministre, plus de 300 multinationales (comme PepsiCo Inc, AIG Inc ou la Deutsche Bank…) ont bénéficié d'accords fiscaux préférentiels secrets avec le *Luxembourg*, leur permettant ainsi d'économiser des millions d'euros d'impôts. Ce pays est d'ailleurs classé depuis 2008 par l'*Organisation de coopération et développement économiques* (*OCDE*), parmi les *paradis fiscaux*, lesquels sont définis à partir de quatre critères (pas ou très peu de fiscalité, pas de transparence, pas d'échanges d'informations avec les administrations, et acceptation des sociétés-écran sans activité économique réelle).

L'*Irlande*, le *Luxembourg*, *Malte* et les *Pays-Bas*, ainsi que les territoires placés sous la tutelle du *Royaume-Uni* (île de Man, îles Caïmans et les Bermudes) sont considérés comme tels par l'*ONG Oxfam*.

Il est ainsi possible à certaines grandes entreprises ou à certaines grandes fortunes d'utiliser au mieux de leurs intérêts la législation de ces différents pays, en plaçant par exemple leur siège social dans l'un d'entre eux, leur service de facturation dans un autre et en ayant recours à des travailleurs détachés dans un troisième...

Selon l'économiste français Gabriel Zucman, professeur à l'université de Berkley (Californie), 350 milliards d'euros échapperaient ainsi chaque année aux administrations fiscales, dont 120 milliards pour l'Union européenne et 20 pour la France.

Cette situation ne nuit d'ailleurs pas seulement aux pays européens, dans la mesure où, toujours selon *Oxfam*, « *les pays en développement perdent environ 100 milliards de dollars par an à cause de l'évasion fiscale des entreprises*", dont le tiers seulement permettrait de « *financer les soins de santé essentiels qui permettraient d'éviter la mort de huit millions de personnes.*"

Même si les instances européennes envisagent des sanctions pour lutter contre ces pratiques, comme une *privation des fonds européens* ou une *absence d'accès aux financements des grands organismes internationaux* comme le FMI ou la Banque mondiale à l'encontre de ces pays, il n'en demeure pas moins que la plupart des États membres semblent pourtant bien s'accommoder de cette situation...

Il serait pourtant grand temps d'y mettre fin en s'efforçant, malgré les difficultés pour obtenir l'unanimité au sein du Conseil, de rapprocher la fiscalité de l'ensemble des pays de l'Union et surtout en leur imposant des règles de transparence. Encore faudrait-il que les États aient la volonté de s'opposer aux lobbies dont certains ont en effet tout intérêt au maintien du statu quo !

D. L'Union a toujours appartenu à certaines organisations internationales visant à libéraliser le commerce mondial

La justice européenne avait depuis déjà longtemps estimé que l'*Accord Général sur les Tarifs douaniers et le Commerce* (GATT) signé le 30 octobre 1947 par 23 pays, et entré en vigueur le 1er janvier 1948, liait la Communauté dont tous ses membres faisaient partie et dont elle entendait respecter toutes les dispositions (CJCE, 12 décembre 1972, International Fruit Company NV, aff.21 à 24/72).

L'Union européenne et ses 28 pays membres appartiennent désormais à l'*Organisation mondiale du commerce* (OMC), mise en place depuis le 1er janvier 1995 par les Accords de Marrakech (15 avril 1994), lesquels lient actuellement 164

Etats et couvrent 98% du commerce mondial. Ces accords de plus de 24 000 pages, qui concernent aussi bien les marchandises, que les services ou les droits de propriété intellectuelle, visaient à libéraliser le commerce mondial (baisse généralisée, voire même dans certains cas suppression des droits de douane, élimination des restrictions quantitatives, interdiction des subventions à l'exportation...). Ils sacrifient au nom du libéralisme le principe de *préférence communautaire*, qui se fondait non seulement sur des *droits de douane*, qui sont ainsi passés en quelques années de près de 13% à un peu moins de 4%, mais également sur les *prélèvements agricoles*, qui aboutissaient à une hausse du prix de certains produits importés à un niveau sensiblement supérieur à celui du produit européen équivalent et qui sont désormais interdits.

L'*Accord économique et commercial global (CETA)*, conclu entre le *Canada* et l'Union européenne et ratifié par le Parlement européen le 15 février 2017, dont 95% des dispositions s'appliquent « *provisoirement* » depuis le 21 septembre 2017, en attendant une pleine entrée en vigueur du texte une fois que tous les parlements des pays membres de l'UE l'auront approuvé. Il s'agit d'un traité de libre-échange de 2344 pages, qui vise à supprimer 99 % des droits de douane entre l'Union européenne et le Canada, qui l'ont déjà ratifié, et à parvenir à des normes partagées sur l'environnement, l'agriculture ou la protection des investissements. Cet accord pour le moins contestable (non-reconnaissance de certaines appellations d'origine contrôlées, introduction des OGM, arbitrage privé permettant aux multinationales d'imposer aux États de remettre en cause les réglementations sanitaires et environnementales...), s'inspire du «*Partenariat transatlantique de commerce et d'investissement*» (PTIC ou TTIP) toujours en discussion avec les États-Unis.

Le projet de "*Traité de libre-échange transatlantique*", encore appelé TAFTA (« *Transatlantic Free Trade Agreement* »), date de 2011 dans un contexte de crise économique et financière, après l'échec des négociations multilatérales dans le cadre de l'*Organisation mondiale du commerce* (*OMC*). Il reposait sur l'idée qu'une intensification des échanges commerciaux et des investissements entre les États-Unis et l'Union européenne ne pourrait que bénéficier aux deux Parties. Cet accord porte essentiellement sur trois grands thèmes : l'accès aux marchés respectifs de l'UE et des États-Unis, la coopération en matière de réglementation et les règles encadrant le commerce entre les deux blocs.

Les négociations qui n'ont débuté qu'en juin 2013, après que la Commission en ait reçu mandat de la part des 28 États membres, ont été suspendues depuis l'arrivée au pouvoir en janvier 2017 du nouveau président américain, qui s'était en effet toujours déclaré hostile à ce traité...

Ces accords, d'ailleurs très controversés, visent non seulement à fortement diminuer les taxes sur les marchandises échangées entre les deux côtés de l'Atlantique, mais également à mettre en place des normes partagées sur l'environnement, l'agriculture ou la protection des investissements, constituent une parfaite illustration de l'ultralibéralisme imposé, sans concertation aucune, par l'Union depuis un certain nombre d'années.

Il serait donc largement temps de corriger tous ces excès et de placer enfin l'individu au cœur de la construction européenne, qui devrait en effet être beaucoup moins libérale et donc beaucoup plus sociale.

Il ne s'agit naturellement pas de rompre avec le libéralisme économique qui s'applique désormais sur l'ensemble de la planète, qui présente d'indéniables avantages et dont il serait par conséquent bien difficile de se passer. Sans doute conviendrait-il seulement de laisser un peu plus de liberté aux États membres dans ce domaine. Il est en effet tout à fait regrettable que certains pays, comme la France, aient été obligés de sacrifier certains de leurs services publics pour pouvoir se mettre en harmonie avec la législation européenne, en allant d'ailleurs souvent beaucoup plus loin que ce qu'elle leur demandait… Ainsi n'était-il par exemple pas nécessaire de mettre en place une quasi-privatisation de la Poste, alors qu'il aurait seulement suffit, tout en conservant son statut, de la mettre en concurrence avec des entreprises privées…

Il devrait également rester possible, en cas de nécessité ou pour toute autre raison, à tout État de procéder à des nationalisations ou à des prises majoritaires de capitaux, sans devoir pour autant obtenir l'accord de la Commission européenne. Ne suffirait-il d'ailleurs pas de se référer tout simplement à l'article 345 TFUE, toujours en vigueur, qui laisse aux seuls États membres le soin de déterminer le régime de la propriété qu'ils entendent appliquer ?

Un peu plus de souplesse ne serait donc pas inutile. L'intérêt général, totalement absent de la réglementation européenne, ne doit-il pas en effet dans certains cas prévaloir sur les intérêts privés ? Il serait certainement nécessaire de renforcer la protection existante, mais encore très insuffisante face à la toute-puissance des lobbys, comme l'a récemment montré l'affaire Monsanto, et de mettre fin aux paradis fiscaux, qu'il n'est en effet plus possible de tolérer au sein même de l'Union.

IV. Une Europe plus sociale

Comme le faisait fort justement remarquer le sociologue Alain Touraine « *les peuples européens sont condamnés à partager le même destin et ce destin commun qui unit les peuples européens ne peut être une réalité que sur le plan social* ». Il est donc d'autant plus regrettable que l'Europe ait pu apparaître, tout particulièrement dans les toutes premières années de son existence, si peu sociale. La principale raison de cette regrettable absence repose sur le caractère essentiellement économique des Communautés européennes (**A**). Il est ensuite intéressant de montrer comment l'Union a progressivement été contrainte d'introduire des dispositions sociales dans le droit de l'UE (**B**).

A. Le caractère essentiellement économique des Communautés européennes

Or l'Europe telle que nous la connaissons reste encore actuellement trop peu sociale, même si lors de sa création aussitôt après la Seconde Guerre mondiale, voici un peu plus de cinquante ans, elle ne l'était pas du tout ! Il faudra en effet attendre le Traité de Maastricht en 1992 pour qu'elle commence à acquérir la dimension sociale qui lui faisait alors défaut.

Il ne faut tout d'abord pas oublier que les Communautés ont d'abord et avant tout été conçues par leurs fondateurs comme un moyen de lutter contre le communisme qui constituait alors une réelle menace pour certains pays (principalement la France et l'Italie). Ces derniers avaient donc clairement fait le choix du libéralisme et volontairement laissé à l'écart les revendications sociales qui commençaient à se manifester au moment de la Libération, estimant que la prospérité qui devait automatiquement découler de la mise en place du Marché commun permettrait de les satisfaire...

Lors du *Congrès de la Haye* qui avait rassemblé, du 7 au 11 mai 1948, sous la présidence d'honneur de Winston Churchill, près de 800 personnalités venues de la plupart des pays d'Europe occidentale (dirigeants politiques patronaux et syndicaux, journalistes, intellectuels…) pour affirmer leur conviction qu'il était urgent de créer, grâce à des abandons plus ou moins importants de souveraineté des États-nations, une union économique et politique en Europe pour assurer la sécurité (contre la contagion communiste ou le réveil nationaliste) et la prospérité, donc le progrès social. La résolution fondatrice du *Mouvement européen* créé à La Haye à cette occasion demandait aux gouvernements européens de rétablir la liberté intégrale du commerce et de l'industrie et d'adopter la libre convertibilité des monnaies ; elle affirmait que *« l'Union européenne devra par la suite assurer dans toute son étendue la liberté de capitaux, l'unification monétaire, l'assainissement concerté des politiques budgétaire et de crédit, l'union douanière complète et l'harmonisation des législations sociales ».*

Il ne faut pas oublier que les deux tiers des dépenses du *Mouvement européen* étaient financés par une officine proche de la CIA, l'*« American Committe on United Europe »* (ACUE), qui lui aurait ainsi versé près de 4 millions de dollars entre 1949 et 1960 ! Il lui était donc difficile de s'en montrer indépendant.

Pour les États-Unis, les Communautés européennes étaient en effet appelées à prendre le relais du plan Marshall, proposé par le secrétaire d'État américain, le 5 juin 1947, à tous les États européens, afin de les encourager à se reconstruire et à les soutenir économiquement. Cette assistance se présentait sous la forme de prêts, assortis de la condition d'importer pour un montant équivalent d'équipements et de produits américains. En quatre ans, les États-Unis ont ainsi versé à l'Europe de l'Ouest 16,5 milliards de dollars (soit 173 milliards en dollars de 2018).

L'aide américaine avait en effet non seulement pour objectif d'aider l'Europe à se relever économiquement, mais surtout d'empêcher les partis communistes très influents à cette époque (principalement en France et en Italie) de récupérer politiquement la misère sociale consécutive à de longues années de guerre et d'y prendre le pouvoir.

L'*Organisation européenne de coopération économique* (*OECE*), créée à Paris, le 16 avril 1948 a permis, à la demande des Américains, de procéder à la répartition de cette aide (6 milliards de dollars/an jusqu'en 1951). La mise en place d'une union douanière (1er juillet 1958) permettra en outre aux marchandises en provenance des États-Unis de circuler librement à l'intérieur du marché européen.

Les pères de l'Europe étaient d'ailleurs tous plus ou moins proches des États-Unis. Ainsi Jean Monnet, qui était l'héritier d'une famille française de négociants en cognac, y avait fait toute sa carrière dans le secteur bancaire, rêvant ensuite de transposer le fédéralisme américain en Europe. Avant de se lancer dans la finance, il avait été secrétaire général de la SDN. A la Libération, il sera nommé Commissaire au plan de modernisation et d'équipement par le général de Gaulle, qui dira de lui, s'adressant au Président Eisenhower, *« il fait un très bon cognac. Malheureusement, cette occupation ne lui suffit pas »*. Jean Monnet a d'abord, d'ailleurs, dès 1943, que dans la future Europe, il serait *« essentiel que soit empêchée dès l'origine la reconstitution des souverainetés économiques »* (François Denord et Antoine Schwartz, *L'Europe sociale n'aura pas lieu* (Raisons d'agir, 2009, p.34).

Les partisans de l'Europe, qui se recrutaient aussi bien parmi les hommes politiques que chez les chefs d'entreprise, avaient pris l'habitude de se réunir ensuite au sein de plusieurs groupes de discussion et de pression tels que le *groupe de Bilderberg*, lesquels avaient en effet tous en commun la haine du communisme et avaient donc clairement fait le choix du libéralisme. Ils s'opposaient également à la politique du gouvernement travailliste anglais de Clément Attlee, qui refusa en 1950 de s'engager dans le projet de construction européenne, craignant en effet qu'il ne fasse courir à l'Europe le risque d'une dérive libérale, incompatible avec la mise en œuvre d'une politique de transformation sociale favorable au monde du travail. Dans un texte datant de mai 1950, le Parti travailliste déclarait en effet refuser d' « *accepter tout engagement qui limiterait sa liberté ou celle des autres de rechercher le socialisme démocratique, et d'appliquer le contrôle de l'économie nécessaire à sa réalisation...aucun parti socialiste ne peut accepter un système dans lequel des domaines importants de la politique européenne seraient livrés à une autorité européenne de nature supranationale étant donné qu'une telle autorité serait en permanence dominée par une majorité antisocialiste et soulèverait l'hostilité des travailleurs européens* ».

Au cours des négociations qui ont précédé la signature du Traité de Rome (25 mars 1957), les ministres allemands avaient d'ailleurs refusé la demande française de prévoir toute forme d'harmonisation sociale en contrepartie du libre-échange, indissociable de la « *concurrence non faussée* »…. Pour l'économiste Jacques Rueff, proche d'Hayek et de Milton Friedman, le traité de Rome a marqué *« l'aboutissement et le couronnement de l'effort de rénovation de la pensée libérale »* en construisant politiquement la toute-puissance d'un marché s'autorégulant indépendamment des décisions politiques et des contraintes étatiques. Pour Pierre Mendès France la seule solution *« correcte et logique »* aurait tout au contraire été d'exiger *« l'égalisation des charges et la généralisation rapide des avantages sociaux à l'intérieur de tous les pays du Marché commun »*.

Ainsi, le Général de Gaulle s'était-il fermement opposé à deux reprises, lors de ses conférences de presse du 14 janvier 1963 et du 27 novembre 1967, à l'adhésion de la Grande-Bretagne, qui ne représentait pour lui rien d'autre que le cheval de Troie des intérêts économiques et politiques américains et qui faisait courir le risque de réduire l'Europe à une vaste zone de libre-échange.

Il est clair que le projet européen, qui entend promouvoir le développement d'une économie libérale, ne se soucie guère de préoccupations d'ordre social.

François Mitterrand, qui a pourtant toujours été un européiste convaincu, ne disait d'ailleurs pas autre chose lorsqu'il confiait en février 1983 être partagé *entre deux ambitions: celle de la construction de l'Europe et celle de la justice sociale »*. N'avait-il d'ailleurs pas renoncé dès 1983 à sa politique de réformes sociales (nationalisations revalorisation des allocations familiales et de l'allocation logement, augmentation de 10% du SMIC et de l'ensemble des salaires, création de nombreux emplois publics, abaissement de la durée du travail et de l'âge de la retraite...) pour ne pas se mettre en porte à faux par rapport aux exigences européennes ? Il s'agissait donc d'une raison suffisante pour conduire celui qui voulait encore quelque temps plus tôt « *changer la vie* », à changer d'avis...

Il est vrai que quelque temps plus tard, il s'était efforcé d'œuvrer pour donner à l'Europe la dimension sociale qui jusque-là lui faisait défaut. Ses efforts avaient ainsi permis qu'à l'issue du Conseil européen de Strasbourg des 8 et 9 décembre 1989, une charte sociale soit adoptée par les États de la Communauté européenne, à l'exception du Royaume-Uni, sous forme de protocole additionnel à l'Acte unique européen.

Avec la mise en place par l'Acte unique européen en 1986 du *marché intérieur*, à compter du 1er janvier 1993, il est clair que l'instauration d'une véritable compétition fiscale entre les Etats ne peut que mettre en péril leurs systèmes de protection sociale.

Le *Traité de Maastricht* en 1992, puis le *Traité de Lisbonne* en 2007, en accélérant le processus de dérégulation des services publics et en donnant un coup d'arrêt aux politiques de protection sociale, n'a pu contribuer ensuite qu'à aggraver la situation.

L'exemple encore récent de la Grèce est encore plus parlant. Le sauvetage économique de ce pays totalement dévasté par la crise financière de 2008, ne pouvait en effet être envisagé qu'au prix de l'abandon de toutes les formes de protection sociale et ce malgré l'arrivée au pouvoir d'un Premier ministre de gauche (le 26 janvier 2015), qui s'étaient pourtant fait élire en promettant d'en finir avec l'austérité, pourtant mise en œuvre par le gouvernement précédent ! En huit ans, la Grèce aura ainsi bénéficié d'une assistance de plus de 273 milliards d'euros de la part de ses créanciers au cours de trois programmes d'aide. En contrepartie, les Grecs ont été obligés de subir plusieurs centaines de réformes, souvent douloureuses, pour assainir leurs finances publiques. Les Européens ont accepté le 6 juillet 2018 d'allonger de dix ans les échéances de remboursement d'une grande partie de cette dette, dont le niveau reste le plus élevé de l'UE (180% de son PIB) afin de permettre aux Grecs de ne commencer à rembourser une partie des prêts qu'à partir de 2032, au lieu de 2022. Mais à quel prix ! L'Union européenne en acceptant en 2009, 2010, puis en 2011, de prêter plusieurs dizaines de milliards d'euros aux Grecs, mais également aux Portugais ou aux Irlandais, afin de les aider à rembourser les banques britanniques, françaises et allemandes à qui tous ces pays devaient de l'argent, les a condamnés à l'austérité.

Pour pouvoir espérer s'acquitter de leurs dettes ils ont en effet été contraints d'imposer à leurs peuples d'énormes sacrifices (diminution des salaires, baisse des allocations chômage et des allocations familiales, des pensions de retraite, du salaire minimum, hausse importante des frais de scolarité, suppressions massives de postes dans la fonction publique, élévation de la durée du temps de travail, de l'âge de la retraite, flexibilisation du marché du travail...).

B. L'introduction progressive de disposi-tions sociales en droit de l'UE

La *CECA* (« *Communauté européenne du charbon et de l'acier* »), créée par le Traité de Paris du 18 avril 1951 (applicable à partir du 24 juillet 1952), afin « *de contribuer, en harmonie avec l'économie générale des États membres et grâce à l'établissement d'un marché commun [...], à l'expansion économique, au développement de l'emploi et au relèvement du niveau de vie dans les États membres* » (art.2, al.1er), avait un caractère essentiellement économique, même si elle n'était pas totalement dépourvue de préoccupations d'ordre social. Cela n'a d'ailleurs rien d'étonnant compte tenu du contexte dans lequel ce projet avait été élaboré aussitôt après la guerre (plan Marshall, guerre froide, choix du libéralisme, aide la reconstruction des infrastructures des pays européens...).

Il aurait d'ailleurs également été bien difficile de construire dès cette époque une Europe sociale tant les régimes en vigueur dans les différents pays membres étaient alors différents...

Cette toute première expérience d'« *intégration sectorielle* » visait à « *placer l'ensemble de la production franco-allemande de charbon et d'acier sous une Haute Autorité commune dans une organisation ouverte à la participation des autres pays d'Europe* », de manière à assurer « *immédiatement l'établissement de bases communes de développement économique, première étape de la Fédération européenne* » (Déclaration Schuman du 9 mai 1950). Il s'agissait donc avant tout d'une construction économique, qui devait d'abord seulement porter sur « *un point limité, mais décisif* » (le charbon et l'acier), avant d'être ensuite étendue à l'ensemble des secteurs, y compris celui de l'énergie nucléaire.

Conçue dès le départ pour une durée déterminée (cinquante ans), elle était en effet appelée à déboucher ensuite sur une intégration de plus en plus large des économies en vue d'aboutir progressivement à une intégration politique (fédéralisme). Ainsi ce traité le Traité CECA a-t-il été intégré, le 23 juillet 2002, aux traités instaurant la Communauté européenne.

Seules quelques rares dispositions des traités originaires concerneront donc, et souvent encore indirectement, le droit social (*niveau d'emploi et de protection sociale élevé, cohésion économique et sociale, droit d'établissement, libre circulation des personnes, égalité entre les hommes et les femmes dans le travail, droit d'établissement, FSE, CES...*).

Dans les années quatre-vingt, la *Cour de Luxembourg* s'efforcera pourtant, en se référant d'ailleurs le plus souvent à des textes issus du droit des États membres ou du Conseil de l'Europe, comme la *CEDH* ou la *Charte sociale européenne*, de pallier à cette absence de dimension sociale.

Même si la nécessité d'une politique sociale avait été solennellement rappelée par les Six lors du Sommet européen (19 et 20 octobre 1972), il faudra attendre la *Charte communautaire des droits sociaux fondamentaux des travailleurs* (8 et 9 décembre 1989), sans valeur juridique contraignante, mais surtout le *Traité de Maastricht* en 1992, puis le *Traité d'Amsterdam* en 1997 pour que ce domaine puisse enfin trouver sa place.

Plus tard, la *Charte des droits fondamentaux de l'UE* du 7 décembre 2000 qui deviendra obligatoire avec le Traité de Lisbonne, le 1er décembre 2009 (sauf pour le Royaume-Uni, la Pologne et la République tchèque), malgré de graves insuffisances (droit **de** travailler et non plus droit **au** travail !) s'efforcera de consacrer un certain nombre de droits sociaux.

Il n'en reste pas moins que les traités actuellement en vigueur n'accordent à l'Union qu'un rôle d'appoint dans le domaine social, qui pour l'essentiel reste en effet de la compétence des États membres (principe de subsidiarité), dans la mesure où elle se limite seulement à *soutenir et à compléter leur action* (art.153 TFUE) et où la Commission doit les encourager à coopérer (art.156 TFUE).

Il serait pourtant largement temps de légiférer au niveau européen en ce qui concerne un certain nombre de questions qui ne peuvent en effet plus se contenter de réponses strictement nationales, d'autant que les travailleurs européens sont de plus en plus incités à exercer leur activité hors de leur pays d'origine. Il n'est en effet absolument pas logique qu'une femme qui travaille puisse en Bulgarie bénéficier d'un congé de maternité de 68 semaines, alors même qu'il n'est en Allemagne ou à Malte que de 14 semaines! Devant l'opposition systématique des Etats, la Commission européenne a d'ailleurs dû abandonner en 2016, après sept ans de blocages, son projet de modification de la *directive du Conseil du 9 octobre 1992*, qui envisageait de faire passer la durée du congé de maternité de 14 à 18 semaines...

Seuls 22 des 28 pays membres de l'Union européenne disposent d'un *salaire minimum* légal, valable dans toutes les branches d'activité. L'Allemagne, après avoir longtemps hésité, a été le dernier en date à l'instaurer, le 1er janvier 2015. Les six autres (Italie, Danemark, Autriche, Finlande, Suède et Chypre) se limitant à fixer un salaire minimum par secteur ou à la suite de négociations entre partenaires sociaux.

 Il n'est pas non plus satisfaisant que la durée du travail ou celle des congés payés, l'âge de la retraite, ou encore les garanties sociales dont disposent les salariés ne soient toujours pas harmonisées d'un pays à l'autre… Comment peut-on valablement inciter les travailleurs à s'établir dans un autre pays que le leur, tout en refusant de les soumettre à un même régime social?

Il serait donc souhaitable que les dirigeants européens s'efforcent enfin d'accepter de mettre en place un certain nombre de règles et de garanties communes permettant aux citoyens européens de bénéficier de prestations équivalentes, et ce quel que soit le pays dans lequel ils décident d'aller s'installer, soit pour y travailler soit pour y résider. Il est certain qu'il est souvent très difficile et très long de parvenir à des compromis dans ce domaine. Ainsi aura-t-il par exemple fallu attendre le 23 octobre 2017, pour que les ministres de l'Emploi des Vingt-Huit parviennent enfin à trouver un accord sur la révision de la *directive du 16 décembre 1996 sur le détachement des travailleurs*, proposée par la Commission européenne le… 8 mai 2016. En limitant la durée de ce type d'emploi à 12 mois, en décidant d'appliquer au travailleur détaché la rémunération du pays d'accueil, avec tous les avantages (primes, treizième mois), et plus seulement le salaire minimal, le nouveau texte, malgré ses limites (exclusion provisoire de ces règles pour le transport routier, longueur du délai d'application), constitue sans aucun doute un progrès certes modeste vers une Europe plus sociale…

Il conviendrait donc dans l'avenir d'associer plus étroitement les syndicats et les représentants des employeurs au niveau européen, afin qu'ils puissent présenter des propositions destinées à faciliter la mobilité et surtout la protection des travailleurs dans l'ensemble des pays de l'Union. Il n'est en effet pas du tout normal que coexistent toujours presque autant de régimes sociaux que d'États membres ! Un peu plus d'horizontalité dans le processus décisionnel et de sécurité pour les salariés ne pourrait qu'avoir des conséquences positives.

L'Europe ne sera donc digne de confiance sur le plan interne que si elle se montre enfin capable de répondre aux défis sociaux de notre temps, elle ne le sera également sur la scène internationale que si elle devient indépendante des États-Unis.

V. Une Europe plus indépendante

Il est certain que l'Europe, qui a pourtant vocation à se comporter sur la scène internationale comme une grande puissance, ne pourra être crédible que si elle se montre enfin capable d'être indépendante de toutes les grandes nations, particulièrement des États-Unis, avec lesquels elle entretient depuis sa création des liens très étroits, tant pour des raisons historiques, que politiques, militaires ou économiques.

Quelles sont les causes (**A**) et les conséquences (**B**) de la dépendance de l'Europe vis-à-vis des États-Unis ?

A. Les causes de la dépendance de l'Europe vis-à-vis des États-Unis

Cette dépendance, qui n'est pas seulement économique, s'explique tant pour des raisons stratégiques que politiques ou financières.

Il convient tout d'abord de ne pas oublier les liens existant entre les « *Pères de l'Europe* » et les Américains. Jean Monnet qui a longtemps exercé la profession de banquier aux Etats-Unis, était un proche de Roosevelt, avec lequel il partageait une hostilité personnelle à l'égard du Général de Gaulle, qualifié, dans une note adressée le 6 mai 1943 au secrétaire d'État américain Harry Hopkins et longtemps restée secrète, d' « *ennemi de la construction européenne* ». Le secrétaire général du Quai d'Orsay, Alexis Léger, dit « Saint-John Perse », qui avait défendu le 7 septembre 1929 devant l'Assemblée générale de la Société des Nations (SDN) la création d'une « *Fédération européenne respectant la souveraineté des États* », faisait également partie de l'entourage du Président des États-Unis.

Il est également connu qu'un « *Comité américain pour une Europe Unie* », proche de la C.I.A., a contribué à financer le *Mouvement fédéraliste européen* et que quelques années plus tard les

États-Unis poussèrent à l'entrée du Royaume-Uni dans le Marché commun (déclaration du 20 août 1961, le président John F. Kennedy), comme ils le feront d'ailleurs plus tard pour la Turquie. Un rapport du *National Intelligence Council* (*NIC*), un groupe d'études proche de la CIA, prévoyait en effet que son adhésion provoquerait, et ce dès 2020, un déclin de l'UE, l'empêchant ainsi de « *jouer un rôle international majeur, à la hauteur de sa taille* »...

La création d'une *Communauté européenne de défense* (*CED*), proposée le 24 octobre 1950, par un proche de Jean Monnet, le très atlantiste président du Conseil René Pleven, et finalement rejetée par l'Assemblée nationale française, le 30 août 1954 (par 319 voix contre 264), était également très largement inspirée par les États-Unis. Avec les premières manifestations de la guerre froide (crise de Berlin, guerre de Corée, menace représentée par l'Union soviétique...), l'OTAN avait en effet exigé que l'Europe puisse assez rapidement être en mesure de se doter d'une défense efficace, mais qui devait rester placée sous commandement américain. Le général de Gaulle avait donc parfaitement raison de dénoncer, le 25 février 1953, ce traité qui « *attribue au commandant en chef atlantique, en ce qui concerne le destin de la France, des droits discré-*

tionnaires, tels, en tout cas, qu'aucune époque, dans aucun pays, aucun gouvernement n'en a jamais concédé à aucun de ses généraux »....

Dans un rapport évoqué par le ministre français des Affaires étrangères, Maurice Couve de Murville, lors du Conseil des ministres du 19 juin 1963, les américains se demandent : « *Que va choisir l'Europe, entre la communauté Atlantique et l'Europe autarcique ?* », tout en fondant tous leurs espoirs sur « *la résistance que les Allemands opposeront à l'Elysée* » ; il s'agit en effet pour eux de « *surmonter les difficultés que les États-Unis rencontrent en Europe du fait du hiatus gaulliste* ». Ils considèrent enfin que le « *veto français à l'entrée du Royaume-Uni dans le Marché commun, [autant comme] un soufflet sur la joue des États-Unis que sur celle de la Grande-Bretagne* » ! Une telle déclaration se passe de commentaire...

Le *groupe interparlementaire Spinelli*, du nom de l'un des « pères » de l'Europe, Altiero Spinelli (1907-1986)), fondateur du *Mouvement fédéraliste européen*, puis de l'*Union européenne des fédéralistes*, créé le 15 septembre 2010 au Parlement européen, se voulait également très attaché à l'OTAN et n'entendait absolument pas cacher sa proximité avec les États-Unis.

L'’Union Européenne est également depuis déjà très longtemps sous influence extérieure à travers les « Think-Tanks » mondialistes et confidentiels, tels que le *groupe Bilderberg* ou la *Commission Trilatérale*, où sont préparées dans le plus grand secret toutes les grandes décisions économiques.

Largement dominé par les Américains, le *groupe Bilderberg*, également appelé *conférence* ou encore *club Bilderberg*, est un rassemblement annuel et informel d'environ 130 personnes, essentiellement Américains et Européens, qui sont pour la plupart issus de la diplomatie, du monde des affaires, de la politique ou des médias. Ce rassemblement informel et annuel, qui avait été mis en place du 29 au 31 mai 1954, à l'hôtel Bilderberg, situé à Oosterbeek (Pays-Bas), dans un contexte de guerre froide, afin de renforcer la coopération entre les États-Unis et leurs partenaires d'Europe occidentale, a très rapidement tourné à l'avantage de l'économie américaine.

Mario Draghi, ancien vice-président pour l'Europe de la banque américaine Goldman Sachs (2002-2005) et actuel président de la *Banque centrale européenne* (*BCE*), depuis le 1er novembre 2011, n'est-il pas également président de la section Europe de la « *Commission trilatérale* », créée en juillet 1973 à l'initiative de Davis

Rockfeller, autour de quelque 325 « décideurs » (dirigeants des multinationales, gouvernants des pays riches et partisans du libéralisme économique...). Largement dominée par les Américains qui la financent, elle entend devenir un organe privé de concertation et d'orientation de la politique internationale des pays de la « triade » (États-Unis, Europe, Japon). Elle se permet d'ailleurs de donner des leçons à l'Union, en osant déclarer lors d'une conférence qui s'est tenue à Paris en novembre 2008 en présence de l'ancien ministre des Affaires européennes Elisabeth Guigou (1990 – 1993) : « *Il faut sauver l'Europe de la tyrannie des référendums, car ils sont des mécanismes purement descriptifs* »...

B. Les conséquences de la dépendance de l'Europe vis-à-vis des États-Unis

En demandant toujours à l'Union de respecter les « *obligations découlant du Traité de l'Atlantique Nord pour certains États membres qui considèrent que leur défense commune est réalisée dans le cadre de l'Organisation du Traité de l'Atlantique Nord (OTAN) [...] qui reste pour les États qui en sont membres, le fondement de leur défense collective et l'instance de sa mise en œuvre* » (art. 42 § 2 al. 2 et § 7 al. 2 TUE), le Traité de Lisbonne a clairement souhaité maintenir les liens de dépendance existant depuis toujours entre la politique de défense européenne et l'OTAN. Cette référence aux relations privilégiées existant entre l'OTAN et l'UE a d'ailleurs été critiquée par tous ceux qui font remarquer que l'article 8 du Traité de l'Atlantique Nord impose à chacune des parties d'assumer « *l'obligation de ne souscrire aucun engagement international en contradiction avec le Traité* ».

L'Espagne avait d'ailleurs dû devenir membre de l'OTAN (30 mai 1982) pour pouvoir adhérer à la Communauté européenne (1er janvier 1986). Depuis la disparition de l'Empire soviétique et l'adhésion de dix pays de l'Est à l'Union (entre 2004 et 2007), l'Alliance atlantique qui, depuis qu'elle a été rejointe par l'*Albanie* et la *Croatie* (1er avril 2009), puis par le *Monténégro* (5 juin 2017), est passée de 19 à 29 membres, s'efforce de devenir une organisation de sécurité collective. Elle apparaît pourtant encore trop souvent et particulièrement depuis les attentats du 11 septembre 2001, comme une arme au service de la domination des États-Unis sur le reste du monde.

L'ensemble des pays de l'Est qui ont rejoint l'Union à partir de 2005 ont également tous été obligés, à la demande des États-Unis (discours de G.W. Bush du 15 juin 2001), d'adhérer d'abord à l'OTAN avant de pouvoir rejoindre l'Union. Ce sont encore les Américains qui, dès 1961, avaient incité les Six à accepter la candidature du Royaume-Uni et plus tard celle de la Turquie l'un des soutiens les plus actifs de l'OTAN...

De plus, en vertu des *arrangements dits de « Berlin Plus »*, du 17 mars 2003, qui posent les fondements de la coopération entre l'OTAN et l'UE dans le domaine de la gestion des crises, les pays européens qui le souhaiteraient pourront même recourir aux moyens et aux capacités de l'OTAN pour les opérations qu'ils seraient conduits à mener seuls dans le cadre de l'Union.

En conférant la personnalité juridique à l'Union (art.47 TUE), le Traité de Lisbonne a même ouvert la voie à son adhésion à l'OTAN, comme d'ailleurs à la CEDH.

Seuls les six États membres n'appartenant pas encore à cette organisation (*Irlande, Autriche, Finlande, Suède, Malte* en raison de leur neutralité, ainsi que *Chypre*, compte tenu de sa partition en deux entités juridiques) sont autorisés à s'abstenir lorsque le Conseil européen est appelé à se prononcer sur une question relative à la PESC, qu'ils ne seront pas non plus ensuite tenus d'appliquer, mais qui engageront pourtant l'Union (art. 31 § 1 al. 2 TUE). Ces pays qui représentent moins de 30 millions d'habitants (6%) sur les quelques 510 millions de ressortissants européens, n'ont qu'un poids politique très limité.

Pourtant ni le Traité de Paris instituant la *Communauté européenne du charbon et de l'acier* (CECA) le 18 avril 1951, ni les Traités de Rome instituant la *Communauté économique européenne* et la *Communauté européenne de l'énergie atomique*, le 25 mars 1957, ne faisaient référence à l'« *OTAN* » ou à l'« *Alliance atlantique* », qui n'apparaîtront qu'avec le traité de Maastricht du 7 février 1992, suite au Conseil européen du 9 décembre 1991. Ce texte à l'origine de la notion d'«*Union européenne* » et de la « *Politique étrangère et de sécurité commune* », considère en effet pour la première fois le Traité de l'Atlantique Nord (OTAN) comme le *cadre de la défense commune* de certains États membres (art. J7 TUE) et se réfère à l'alliance militaire atlantique avec les États-Unis d'Amérique (« art.4 de la *Déclaration n°30 relative à l'Union de l'Europe Occidentale*»).

Depuis, l'OTAN et l'Alliance atlantique ont toujours expressément été mentionnées dans tous les traités européens qui ont suivi, qu'il s'agisse du traité d'Amsterdam (signé le 2 octobre 1997, entré en vigueur le 1er mai 1999), du traité de Nice (signé le 26 février 2001, entré en vigueur le 1er février 2003), du projet de « Constitution européenne » (signé le 29 octobre 2004, abandonné le 23 juin 2007), ou du traité de Lisbonne (signé le 13 décembre 2007, entré en vigueur le 1er décembre 2009).

La défense européenne a donc toujours été organisée dans un cadre exclusivement atlantique, avec le soutien économique, politique et militaire américain.

Il n'est donc pas étonnant que l'Europe, malgré sa volonté de se doter d'une défense autonome et efficace, ait toujours eu bien du mal à s'affranchir de la tutelle américaine (maintien des références à l'OTAN dans les traités européens, alignement de la plupart des pays membres sur la politique extérieure américaine, nomination à l'unanimité, le 21 juin 1999, de l'ancien Secrétaire général de l'OTAN, Javier Solana, en tant que Haut représentant pour la PESC...).

Ainsi le *Corps européen (Eurocorps)*, créé le 22 mai 1992 à La Rochelle afin de *"servir de noyau"* à une défense commune européenne, est-il lié à l'OTAN depuis l'accord signé le 21 janvier 1993 par les chefs d'état-major français et allemand et par le commandant suprême des alliés en Europe. Il s'est d'ailleurs toujours comporté comme de simples troupes d'appoints des États-Unis, que ce soit au Kosovo ou en Afghanistan. Ne se définit-il d'ailleurs pas lui-même sur son site officiel comme une «*une force pour l'Union européenne et l'Alliance Atlantique*» ?

La France avait même été jusqu'à admettre, lors du sommet de l'OTAN (Bruxelles, 10 et 11 janvier 1994) que l'Europe de la défense devait se développer à partir de l'OTAN, en affirmant que « *l'Alliance atlantique doit devenir le lieu où puisse s'affirmer aussi l'identité européenne de défense* » (*Livre blanc sur la défense*, 1994).

L'Allemagne va encore plus loin en signant avec les États-Unis, le 27 février 2004, « *l'Alliance germano-américaine pour le XXIe siècle* », qui prévoit de renforcer les relations entre les deux pays, notamment dans les domaines politique, militaire, économique, géostratégique et surtout militaire. Le Chancelier Gerhard Schröder n'hésite d'ailleurs pas à cette occasion à rappeler les liens qui unissent son pays à la tutelle américaine : « *Nous renforçons notre attachement à l'égard de l'OTAN, comme point d'ancrage de notre défense commune et comme forum incontournable des consultations transatlantiques. Nous soutenons le processus en cours d'intégration européenne et soulignons qu'il est important que l'Europe et l'Amérique travaillent ensemble comme partenaires au sein d'une communauté de valeurs. Nous saluons l'élargissement historique, aussi bien de l'OTAN que de l'Union européenne* ».

Face à une Europe toujours incapable d'affirmer son autonomie vis-à-vis de la domination américaine, il est clair que, depuis les débuts de la présidence de Donald Trump (20 janvier 2017), les Etats Unis ont clairement pris leur distance avec elle et que les relations entre les deux partenaires ont bien changé, que ce soit sur le plan militaire ou économique.

Ainsi le 25 mai 2017, lors du *Sommet pour l'inauguration des nouveaux locaux de l'Otan à Bruxelles, le président* Trump n'avait même pas jugé utile de mentionner l'article 5 du traité, qui prévoit pourtant l'obligation pour les Alliés d'intervenir pour défendre tout État membre attaqué, comme cela est arrivé une seule fois lorsque les Européens se sont battus aux côtés des

Américains après les attentats du 11 septembre 2001. Après avoir qualifié l'Otan d' « *obsolète* », il a accusé les États européens de devoir « *d'énormes sommes d'argent* », les invitant à atteindre l'objectif, fixé en 2014, d'un budget défense équivalant à 2 % du produit intérieur brut d'ici à 2024 tout en soulignant qu'« *au cours des huit dernières années* », les États-Unis auraient « *dépensé plus pour leur défense que tous les autres pays de l'Otan réunis* » !

Le président américain se permet pourtant toujours de s'immiscer dans les affaires intérieures de l'Union. Dans un entretien au Sun le 12 juillet 2018, il s'est ainsi permis de dire que le plan de sortie de l'Union européenne de Theresa May, qui prévoit le maintien de liens commerciaux étroits avec les autres Etats-membres, « *tuera* » probablement toute perspective d'accord commercial avec les États-Unis, allant même jusqu'à affirmer que l'ex-ministre britannique des Affaires étrangères Boris Johnson, qui venait de démissionner en raison d'un Brexit jugé trop mou, ferait « un grand Premier ministre » !

Or seule la France devrait pouvoir parvenir à cet objectif en 2025 ; l'Allemagne, qui pour sa part n'accorde que 1,24 % de son PIB à la défense, reste pourtant « *très atlantiste, sa sécurité est garantie par les États-Unis et l'Otan est au centre de sa politique de défense. L'Allemagne se repose sur les États-Unis. Elle est pétrifiée, sans plan B tant qu'il n'y a pas de sursaut de l'Europe de la défense »* (Barbara Kunz, chercheuse à l'Institut français des relations internationales).

Lors du Sommet OTAN le 11 juillet 2018 à Bruxelles, Donald Trump s'en est donc une nouvelle fois pris aux budgets de la défense des États européens, qu'il estime insuffisants, allant même jusqu'à leur suggérer d'y accorder jusqu'à 4 % de leur produit intérieur brut.

Il est clair que l'Union européenne, qui en 2017 a consacré à sa défense, 231 milliards de dollars, soit 13,3% des dépenses militaires mondiales (1739 milliards) et 1,4% de son PIB, reste très loin dans ce domaine derrière les États-Unis, qui lui ont accordé 610 milliards de dollars, soit 35,1% des dépenses militaires mondiales et 3,2% de son PIB.

En refusant toute forme de garantie de sécurité automatique entre les partenaires de l'Alliance, il met fin à 65 ans de relations privilégiées entre les États-Unis et l'Europe. Il est donc urgent de se doter d'une défense réellement européenne et donc indépendante des Etats-Unis

De la même manière, le 28 janvier 2018 Donald Trump s'en est-il pris une nouvelle fois à l'Union européenne accusée de traiter les États-Unis de manière « *très injuste* » dans leurs relations commerciales et l'a menacée à demi-mot de représailles. Il a souligné la difficulté pour son pays d'écouler ses produits dans l'UE laquelle exporte les siens « *sans taxes* » ou avec « *très peu de taxes* » vers les États-Unis. Le 10 mars 2018 il a même été jusqu'à menacer de taxer les voitures européennes, ce à quoi la commissaire européenne au Commerce, Cecilia Malmström a aussitôt répondu que l'Union européenne n'avait «*pas peur*» de ces menaces protectionnistes déjà envisagées sur l'acier (25%) l'aluminium (10%) et qu'elle «*se défendra contre les intimidateurs*»...

L'Union européenne aurait donc tout avantage à s'affranchir de toute tutelle extérieure en particulier de celle des États-Unis, qui s'exerce non seulement sur le plan économique et financier, mais également sur le plan militaire et politique.

Il n'est en effet plus acceptable que l'ensemble des transactions internationales doive toujours s'effectuer en dollars, sous peine de sanction de la part des États-Unis, alors même que l'Europe est la première puissance commerciale du monde. Elle devrait donc enfin faire accepter aux Américains que l'euro puisse également devenir une monnaie applicable aux échanges mondiaux. L'Union devrait donc s'imposer comme une force capable de constituer un contrepoids, tant vis-à-vis des États-Unis que de la Chine, sachant faire alliance tantôt avec l'un ou l'autre de ces pays, chaque fois que ses intérêts l'exigent.

L'appartenance quasi automatique des pays membres de l'Union à l'OTAN, dont la mise en place remonte au 24 août 1949 dans un contexte de guerre froide, pouvait peut-être encore se justifier, tant que l'Union soviétique présentait un danger plus ou moins réel pour l'Europe de l'Ouest et tant que la plupart des États de l'Union ne possédaient pas de moyens de défense suffisamment efficaces. Il n'en est plus de même aujourd'hui, particulièrement depuis la dissolution du Pacte de Varsovie (1er juillet 1991), qui avait été conclu le 14 mai 1955 entre l'URSS et sept pays communistes d'Europe de l'Est (Albanie, Bulgarie, R.D.A., Pologne, Roumanie, Tchécoslovaquie et Hongrie) pour réagir à la création de l'OTAN.

Il est donc grand temps que l'Union devenue adulte finisse enfin par accepter de s'affranchir de cette pesante et désormais inutile tutelle

Comme l'a très justement fait remarquer, dans un article publié dans l'hebdomadaire le Point, (20 juin 2018), le très europhile Joschka Fischer, ancien ministre des Affaires étrangères allemand (1998-2005), « *pour devenir une puissance militaire, il faut savoir défendre ses propres intérêts et rester indépendant des autres* ».

Il serait donc indispensable qu'enfin les vingt-deux pays de l'Union, qui sont également membres de l'Alliance Atlantique, décident de prendre progressivement leur distance avec elle. Ils seraient alors en mesure de mettre en place un nouveau *Pacte de défense mutuelle*, totalement indépendant des États-Unis et de toute autre puissance, qui pourrait alors être appelé à rassembler non seulement les Etats appartenant à l'Union, mais également tous ceux qui en Europe accepteraient alors de les rejoindre. Cette nouvelle organisation pourrait d'ailleurs fort bien constituer l'amorce d'une future armée européenne…

Malheureusement, la plupart des États membres ne semblent toujours pas prêts à s'y résoudre. L'Allemagne, malgré ses déclarations d'intention sur la nécessité de mettre en place une véritable « Europe de la défense », demeure encore très attachée au maintien des liens de dépendance vis-à-vis de l'OTAN, à laquelle elle n'entend pas se soustraire. Elle pourrait même encore être conduite à les renforcer, compte tenu du recentrage de sa politique de défense sur la défense territoriale à l'horizon 2032.

La France, qui par la voix de son président se déclare également favorable à la constitution d'une « *armée européenne*, n'envisage pas non plus de s'en passer. Elle souhaite en effet seulement renforcer la coordination de ses opérations militaires avec ses alliés européens grâce à un *Quartier Général européen permanent* qui permettrait d'en assurer la planification et le suivi, en liaison avec les centres de commandement nationaux et de l'OTAN. Elle conçoit donc toujours la défense européenne comme complémentaire par rapport à l'OTAN.

Cela n'est pourtant pas impossible comme le montre l'exemple du général de Gaulle, qui souhaitant affranchir la France de la tutelle militaire américaine et ne voulant pas risquer voir les soldats français entraînés dans la guerre du Vietnam, avait unilatéralement décidé, le 21 février

1966, de se retirer des structures militaires intégrées de l'OTAN, afin de recouvrer « *l'entier exercice de sa souveraineté* », sans pour autant quitter l'Alliance Atlantique[1]. Mais il s'agissait également pour le chef de l'État français de défendre sa vision de l'Europe, qu'il jugeait en effet incompatible avec l'hégémonie des États-Unis au sein de l'Alliance Atlantique, particulièrement pour tout ce qui touche au nucléaire et à l'intégration des armées des pays membres au sein d'un commandement unifié.

Après avoir signé un certain nombre d'accords avec l'OTAN, limitant ainsi la portée pratique de son retrait, la France devait malheureusement ensuite progressivement s'en rapprocher à nouveau au début des années 1990, allant même jusqu'à rejoindre, le 4 avril 2009, le «*Comité des plans de défense*» (*DPC*), la plus haute instance décisionnelle sur les questions relatives à la structure militaire intégrée de l'Alliance...

Le discours prononcé par le ministre français des Affaires étrangères Dominique de Villepin, lors de la crise irakienne, le 14 février 2003 devant le Conseil de sécurité des Nations unies à

---

[1]. La France qui ne participe plus, depuis le 7 mars 1966, aux commandements intégrés de l'OTAN continuera à participer aux réunions du Conseil atlantique et à certains organes de l'OTAN, comme la *conférence des directeurs nationaux d'armements* ou le *comité de la défense aérienne*, mais exigera le retrait des 28 000 soldats américains de son territoire, à compter du 1er janv. 1967.

New York, témoigne également de la possibilité pour un grand pays européen de refuser de s'aligner sur la position des Etats-Unis et ce malgré les injonctions du Secrétaire de la Défense américain, Donald Rumsfeld.

Seule une Europe indépendante de toute grande puissance sera en effet en mesure de compter sur le plan international.

Elle devra enfin également accepter de se montrer moins contraignante.

VI.   Une Europe moins contraignante

L'un des reproches les plus fréquemment adressés à l'Europe et pas seulement par ceux qu'on qualifie souvent de souverainistes, tient à son caractère de plus en plus contraignant et donc à l'absence croissante de marge de manœuvre laissée aux *États membres* dans un certain nombre de domaines essentiels, principalement pour ceux qui font partie de la zone euro (**A**) ; cette absence de liberté est également sensible pour l'ensemble des *citoyens*, quelle que puisse être leur activité, tout particulièrement pour les *agriculteurs* (**B**).

A. Pour les États membres

Qui ne s'est pas plaint un jour du manque de liberté dont souffriraient les États membres, prisonniers d'une réglementation européenne de plus en plus pointilleuse? Certains en font même un argument pour prétendre vouloir sortir de l'Union. Les pays de la zone euro ont également pour certains bien du mal à accepter la perte de leur souveraineté monétaire, allant même jusqu'à menacer de s'en retirer, sans pour autant jamais mettre leur menace à exécution...

- Sans vouloir entrer dans la caricature, comme dans les exemples suivants, il est clair que l'Union a de plus en plus tendance à vouloir légiférer sur tout.

Ainsi le « *rapport Lunacek* », adopté le 4 février 2014, par le Parlement européen, à l'initiative de la députée autrichienne écologiste Ulrike Lunacek, se contentait-il de proposer une « *feuille de route* » contre l'homophobie et les discriminations liées à l'orientation sexuelle. S'agissant d'un simple « *rapport d'initiative* », sans valeur juridique contraignante, il ne pouvait en effet en aucun cas imposer aux vingt-huit États membres de légiférer sur le mariage homosexuel ou sur la PMA, contrairement à ce que prétendaient les opposants au mariage homosexuel, qui dénonçaient un texte élaboré par le « lobby LGBT » !

De même, l'ancienne ministre de la Défense, Michèle Alliot-Marie, avait-elle injustement reproché à l'Europe, dans une interview le 13 mars 2014 de vouloir *« empêcher les enfants de moins de 18 ans de grimper sur les escabeaux »* ! Elle faisait en réalité référence au *décret n°2013-915 du 11 octobre 2013* qui *« interdit, en milieu professionnel, d'affecter les jeunes à des travaux temporaires en hauteur lorsque la prévention du risque de chute de hauteur n'est pas assurée par des mesures de protection collective»* (art.2) ; ce texte, certes pris en application de la *directive 94/33/CE du Conseil, du 22 juin 1994, relative à la protection des jeunes au travail*, qui demande seulement aux États de garantir la sécurité des mineurs sur leur lieu de travail, en raison *« de leur absence de conscience des risques existants ou virtuels »*, les laisse en effet ensuite totalement libres de décider des mesures qu'ils jugent importantes.

Les États, conformément au principe de subsidiarité, conservent donc dans certains domaines, comme tous ceux qui concernent les questions de société, une certaine marge de manœuvre, ce qui n'est bien sûr pas le cas pour les pays membres de la zone euro.

- La monnaie unique a, rappelons-le, été mise en place le 1er janvier 1999, avant de remplacer les monnaies nationales, le 1er janvier 2002, mais seulement pour les pays qui remplissaient les conditions exigées par le Traité et qui bien sûr le souhaitaient (19 Etats/28).

En vertu de quoi, pour prétendre accéder à l'*Union monétaire*, fallait-il préalablement présenter un taux d'inflation qui ne devait pas dépasser 1,5% du taux moyen des trois États présentant les meilleurs résultats en matière de stabilité des prix, ne pas avoir un déficit public annuel supérieur à 3 % du PIB, ni une dette publique supérieure à 60 % du PIB ? Une fois entrés, les pays membres restent d'ailleurs toujours tenus de continuer à respecter ces critères, sous peine d'avertissements, puis de sanctions.

Que dire également de ces exigences aussi uniformes qu'artificielles, telles que la nécessité pour les pays de la zone euro de limiter le montant de leur déficit public annuel à moins de 3% du PIB et celui de leur dette publique à moins de 60% du PIB qui ne tiennent compte, ni de leur situation réelle et ni de leurs besoins ? Le respect de telles conditions conduit inévitablement les gouvernements de droite comme de gauche à augmenter les impôts et à diminuer les dépenses publiques, ce qui contribue largement à alimenter le sentiment anti-européen !

Pourquoi de tels chiffres ? Sur quels fondements reposent-ils ? Leur assouplissement en mars 2005 à la demande de la France et de l'Allemagne, pour tenir compte de la situation économique et des réformes structurelles engagées, tout comme la possibilité d'accepter un *dépassement « exceptionnel et temporaire »*, constitue bien la preuve de leur caractère arbitraire.

Depuis l'adoption du *Pacte de stabilité budgétaire du 2 mars 2012*, les États sont d'ailleurs contraints de soumettre leur projet de budget à la Commission pour approbation et d'instituer un mécanisme de correction automatique en cas de déficit budgétaire excessif, et sous le contrôle de la Cour. De telles exigences qui s'apparentent à une véritable mise sous tutelle des économies nationales, apparaissent comme de moins en moins acceptables.

Ainsi, conformément au Pacte de stabilité et de croissance, conclu quelque temps plus tôt, le 17 juin 1997, par le Conseil européen d'Amsterdam et face à l'intransigeance du gouvernement italien (populistes de la Ligue du Nord et du Mouvement Cinq Etoiles), la Commission européenne a-t-elle, pour la première fois, le 23 octobre 2018, demandé à l'Italie de revoir son projet de budget...

B. Pour les citoyens européens

La plupart des citoyens européens ont également pris l'habitude de dénoncer le poids insupportable de l'Europe, certains visant même plus précisément « Bruxelles », sans d'ailleurs trop savoir à quoi cela correspond exactement... Que dire des agriculteurs qui ne seraient plus maîtres chez eux du fait des exigences de la politique agricole commune (PAC) ?

- Qui parmi nous n'a pas un jour eu l'occasion de se plaindre des trop nombreuses réglementations européennes, qui constituent autant de contraintes pour toutes sortes d'activités de la vie quotidienne, qu'il s'agisse de l'encadrement de la chasse (directive du 2 avril 1979), de la production de foie gras (directive du 20 juillet 1998), ou du passage à l'heure d'été (directive du 19 janvier 2001), pour ne s'en tenir qu'à ces quelques exemples ? Il faut d'ailleurs espérer que la *résolution* (sans valeur contraignante) visant à mettre fin à ce changement d'heure adoptée, le 8 février 2018, par les députés européens, puisse être approuvée par la Commission Européenne et par les dirigeants des États membres dans le cadre du Conseil des ministres...

- Les agriculteurs européens déplorent également ment les contraintes imposées par la politique agricole commune (PAC), tout en en reconnaissant également ses avantages, qui sont indéniables. Ainsi par exemple le calcul de l'admissibilité des surfaces agricoles aux aides de l'Union s'effectue-t-il à partir d'une photo aérienne de la parcelle (ortho photographie), qui sera ensuite visible sur TéléPAC ou sur le dossier PAC reçu par chaque agriculteur, et non à partir des données cadastrales. Ils ont également bien du mal à accepter d'être considérés comme les garants de la protection de l'environnement ou d'être contraints à transformer en friche une partie de leurs terres ou encore d'avoir à demander une autorisation pour la plupart des décisions qu'ils sont conduits à prendre…Difficile également pour eux d'avoir à arracher des arbres fruitiers ou à supprimer une partie de leurs vaches laitières !

La PAC a en effet assez rapidement abouti à l'accumulation de stocks de certains produits (jusqu'à 33 millions de tonnes de céréales, 1,3 million de tonnes de beurre, 280 000 tonnes d'huile d'olive, 4 millions d'hectolitres d'alcool, 1 million de tonnes de viande et 850 000 tonnes de lait stockés en 1991 dans les entrepôts de la Communauté européenne). Elle a alors incité les agriculteurs européens à devenir les protecteurs naturels de l'environnement sans pour rompre avec le productivisme.

Malgré des résultats encourageants dans un certain nombre de domaines, la PAC a progressivement montré ses limites et s'est très rapidement avérée particulièrement coûteuse. Les dépenses agricoles, qui avaient été l'une des causes de la crise entre la France et l'Europe en 1965 et n'ont en effet cessé d'augmenter, étaient treize fois plus élevées en 1990 qu'en 1970 ! L'agriculture est alors devenue une charge beaucoup trop importante. Dès 1984, des premières mesures tendant à modifier ses règles ont été prises, mais il faudra attendre 1992 pour que se mette en place la réforme Mac Sharry, suivie en 2003 par la réforme Fischler, puis par la réforme du 16 septembre 2013 (applicable jusqu'en 2020), suscitant toujours plus d'incrédulité parmi les agriculteurs.

Une nouvelle révision de cette politique essentielle, qui devra s'inscrire dans le prochain cadre budgétaire européen pour la période 2021-2027, est actuellement discutée et devrait très certainement susciter de nombreux débats au cours des prochains mois. Cette réforme est indissociable d'une diminution des fonds qui lui sont consacrés, suscitant l'inquiétude de certains pays comme la France, et laissant craindre pour le modèle agricole européen. La préservation de l'actuel budget de la PAC, qui représente 38% du total, paraît en effet difficilement envisageable pour les autorités européennes.

Il ne faut malgré tout rien exagérer, mais il n'en reste pas moins que la réglementation européenne, qui n'est certes pas toujours bien comprise est de plus en plus mal acceptée par l'ensemble des citoyens.

Toutes ces dérives sont liées à la volonté d'un certain nombre de responsables politiques d'aller vers une Europe de type fédéral, conformément d'ailleurs aux vœux de ses « *Pères fondateurs* ». La *Déclaration Schuman du 9 mai 1950* qui évoquait à deux reprises la « *Fédération européenne* » comme un objectif à atteindre (points 6 et 10) ne disait en effet pas autre chose. La première version du Traité de Maastricht (14 juin 1991) en affirmant son « *attachement à la vocation fédérale de l'Europe* », allait encore plus loin, si loin que les Anglais ont exigé la suppression de cette mention…

Il est clair que cette option, qui n'est d'ailleurs actuellement plus défendue que par quelques formations politiques, comme les « Verts » en France, mais qui est pourtant toujours présente dans les traités comme en droit dérivé, reste encore aujourd'hui totalement irréaliste et mériterait donc d'être officiellement remise en cause. Pourquoi ?

D'abord parce que le fédéralisme ne se décrète pas et qu'il suppose tout au contraire un vaste soutien populaire qui à l'évidence est loin d'être acquis... Toutes les fédérations imposées par la contrainte, qu'elle soit militaire, politique voire même juridique ont en effet fini par éclater souvent dans la violence et ont parfois même été à l'origine de conflits nationalitaires. Les exemples ne manquent d'ailleurs pas qu'il s'agisse de l'URSS, de la Yougoslavie, du Nigeria, de la fédération du Mali, de la Jamahiriya du colonel Kadhafi...

Or l'Union européenne, qui ne s'est construite qu'à partir de 1951 (création de la CECA), à partir d'États (France et Allemagne) qui furent longtemps ennemis, rassemble des pays de plus en plus nombreux et de plus en plus différents, qui tous sont le résultat d'une longue histoire (contrairement aux États Unis qui se sont constitués à partir de rien) et avec des cultures différentes. Il n'existe pas d'autre part de langue commune (24 langues officielles, soit 552 combinaisons possibles), ni même de système juridique uniforme

(Common Law en Angleterre et au Pays de Galles, ainsi qu'en Irlande, droit écrit partout ailleurs) ; certains (France, Hongrie, Estonie, Slovaquie, Slovénie) défendent une séparation stricte de l'Eglise et de l'État, tandis que d'autres (Allemagne, Italie, Belgique, Irlande, Espagne et Portugal) ont conclu un concordat avec l'Eglise, voire se réfèrent même expressément à une religion d'État (Royaume-Uni, Danemark, Grèce et Malte).

Il serait donc bien préférable de s'en tenir à une Europe plutôt de type confédéral fondée sur les États existant, qui loin de s'en trouver affaiblis, devraient tout au contraire en profiter pour devenir plus forts et se montrer ainsi capables de faire face aux dangers internes (terrorisme, chômage, insécurité...) et externes (Etats Unis, Chine...) qui les menacent et contre lesquels ils ne sont plus depuis longtemps en mesure de pouvoir se défendre seuls. Comment cette Europe nouvelle pourrait-elle alors se présenter ?

Il suffirait tout simplement d'avoir recours à des mécanismes déjà présents dans le Traité. Pourquoi ne pas les encourager à avoir plus largement recours aux *coopérations renforcées*, qui ont déjà permis d'obtenir d'excellents résultats renforçant la cohésion des pays qui les ont utilisées ? Il en résulterait une Europe beaucoup plus souple, au sein de laquelle chacun pourrait avancer à son rythme, sans pour autant remettre en cause son unité et son efficacité.

L'"*Europe à plusieurs vitesses*", ou à "*géométrie variable*", voire même l'« *Europe à la carte* » (expression utilisée par ses détracteurs) permet en effet aux seuls États qui le souhaitent et qui le peuvent d'aller plus vite et plus loin que les autres dans un domaine précis, tout en utilisant les institutions, procédures et mécanismes prévus par le Traité. Il se peut en effet que certains d'entre eux ne répondent pas encore aux critères exigés (comme en matière de monnaie unique). Il s'agit donc de les inciter à prendre des initiatives conjointes dans un secteur pour lequel l'Union Européenne ne dispose pas de compétence exclusive et auxquelles d'autres pourront d'ailleurs se joindre par la suite.

L'émergence d'une « *Europe des cercles concentriques* », qui est apparue progressivement du fait de la volonté politique de certains pays membres, a été facilitée par le Traité de Maastricht qui avait donné aux États la possibilité d'instituer ou de développer une « *coopération plus étroite entre deux ou plusieurs États membres* », puis par le Traité d'Amsterdam qui a mis en place les « *coopérations renforcées* » (ou « *différenciées* »), encore appelées *coopérations structurées permanentes*, en matière de défense (art. 43 à 46 TUE); d'abord conçues de façon limitée, elles ont ensuite été progressivement étendues par le Traité de Nice, puis par le Traité de Lisbonne à l'ensemble des politiques européennes (art.326 à 334 TFUE). Cette procédure permet à un minimum de neuf États de poursuivre une politique commune sans y associer les autres membres de l'UE. L'autorisation d'y avoir recours est accordée par le Conseil, sur proposition de la Commission européenne et, après approbation du Parlement européen.

Il existe d'ailleurs déjà un certain nombre d'exemples de l'« *'Europe à plusieurs vitesses* », qui d'ailleurs ne résultent pas toutes de ce mécanisme.

1) Elle peut en effet tout d'abord résulter de la *volonté politique de deux ou de plusieurs États de s'associer autour de la réalisation de projets* qu'il serait difficile de mener à bien seul. Il s'agit d'ailleurs le plus souvent de réussites, que ce soit dans le domaine scientifique, militaire ou culturel. Nous n'en prendrons que quelques exemples.

Ainsi le *programme Ariane*, lancé par la France, l'Allemagne et le Royaume Uni le 31 juillet 1973, a rapidement permis de réussir à placer en orbite des satellites, sans avoir à dépendre des autres puissances spatiales et a ensuite incité onze États européens à créer, le 31 mai 1975, l' « *Agence Spatiale Européenne* » (*ESA*). Même succès pour le consortium *Airbus* créé en 1970 par plusieurs pays européens et qui n'a depuis cessé de se développer.

Rappelons-nous également les espoirs suscités par la création du « *Corps européen* » (« *Eurocorps* »), mis en place le 22 mai 1992, à partir de la brigade franco-allemande de 5000 hommes, comme un premier pas vers la constitution de véritable une armée européenne...

Mais les succès les plus visibles de ces « *coopérations renforcées* » ont sans aucun doute été enregistrés en matière culturelle, qu'il s'agisse de la *chaîne franco-allemande ARTE*, née du Traité franco-allemand du 2 octobre 1990 (la veille du jour de la réunification allemande), laquelle a depuis conclu de nombreux accords avec plusieurs télévisions européennes, dont toutes ne sont d'ailleurs pas membres de l'Union, ou de la mise en place de lycées franco-allemands, d'un manuel d'histoire commun aux élèves français et allemands ou encore de l'Université franco-allemande...

Le programme « *Erasmus* » (*European Action Scheme for the Mobility of University Students*) adopté, le 16 juin 1987, par le Conseil des ministres de l'Éducation constitue également un autre exemple de réussite dans le domaine de l'enseignement. Cette initiative, destinée à contribuer à la réalisation d'un espace européen de l'enseignement supérieur, permet chaque année à près de 300 000 étudiants et de 40 000 enseignants, issus de 33 pays européens, d'étudier ou de faire un stage à l'étranger. Ce programme vise avant tout à l'amélioration de la qualité et au renforcement de la dimension européenne de l'enseignement supérieur, à l'accroissement de la mobilité des étudiants, des enseignants et du personnel universitaire, au renforcement de la coopération multilatérale entre établissements d'enseignement supérieur, mais également entre établissements d'enseignement supérieur et entreprises, ou encore à la transparence et à la reconnaissance des qualifications acquises dans l'enseignement supérieur et dans la formation professionnelle supérieure en Europe. Depuis sa création, un peu plus de 5 millions d'étudiants ont bénéficié de ce programme, dont l'existence a pourtant été menacée par les déficits du budget 2012 de l'UE. Lancé le 1er janvier 2014, « *Erasmus + *», qui réunit les anciens programmes *Erasmus* (destiné aux étudiants), *Co-*

menius (collégiens et lycéens), *Leonardo da Vinci* (apprentis) et *Grundtvig* (adultes en formation), s'inscrit dans le cadre de la *stratégie Europe 2020.*

2) Il est ensuite possible d'avoir recours à des *options de retrait* ("*opting-out*") ou à des clauses de "*non-participation*", permettant à un ou plusieurs États membres de ne pas participer à certaines politiques. Les exemples ne manquent d'ailleurs pas.

On peut d'abord citer l' « *espace Schengen* », qui ne rassemble que 22 des 28 États membres de l'Union et auquel 2 (Royaume-Uni et Irlande) ont volontairement choisi de ne pas participer, alors que les 4 autres (Chypre, Bulgarie, Roumanie et Croatie) ont eux vocation à y entrer et que 4 pays extérieurs à l'Union (Norvège, Islande, Suisse et principauté du Liechtenstein) l'ont rejoint. Le Danemark tout en en faisant partie, a quant à lui été autorisé à ne pas appliquer toute nouvelle mesure en matière de visas, asile, immigration et autres politiques liées à la circulation des personnes »... Il bénéficie d'ailleurs également de clauses dérogatoires en matière de sécurité et de défense et de citoyenneté européenne (jusqu'à l'adoption du Traité d'Amsterdam en 1997).

La « *zone euro* », à laquelle sont pourtant en principe tenus d'adhérer tous les États membres, dès lors qu'ils remplissent les « critères de Maastricht », ne regroupe que 19 des 28 pays appartenant à l'UE, à laquelle 3 d'entre eux ont en effet volontairement décidé ne pas participer (Royaume-Uni, Danemark et Suède), et 5 qui ne remplissent toujours pas les conditions pour y être admis (Bulgarie, Croatie, Hongrie, Pologne, Roumanie, et République tchèque...).

3) L' « *Europe à plusieurs vitesses*" peut également résulter de certains *mécanismes juridiques* expressément prévus par le Traité. Ainsi l'abstention constructive permet-elle par exemple, en matière de « politique étrangère et de sécurité commune », aux États membres qui ne souhaiteraient pas s'associer à une décision nécessitant un vote à l'unanimité, de s'abstenir au cours du vote au Conseil européen ou au Conseil, sans pour autant empêcher l'adoption de la mesure. Si une "*déclaration formelle*" accompagne l'abstention, l'État membre n'a pas à l'appliquer, contrairement à tous ceux qui l'ont voté (art.31 TUE).

4) Mais la première *coopération renforcée* tel que prévu par le Traité (art.326 à 334 TFUE) a été mise en œuvre en décembre 2010 en matière de

droit applicable au divorce par 14 États membres. Dans le domaine de la propriété intellectuelle, un brevet européen a ensuite été mis en place grâce à une *coopération renforcée* entre 25 États membres en février 2013. Seules l'Espagne, l'Italie et la Croatie se sont tenues à l'écart, pour des raisons linguistiques.

Plus récemment, le 13 novembre 2017, l'Union a décidé de lancer une *coopération structurée permanente* en matière de défense (art.42§6 TUE), pour laquelle les 23 pays qui ont accepté d'y participer, se sont engagés à consacrer une part plus importante de leur budget-défense aux équipements (20% au minimum de leur dépense) et au développement technologique (2% au minimum de leur budget) et à améliorer leur coopération sur des projets industriels, capacitaires ou opérationnels. Le lancement d'un *Fonds européen de défense* de plus de 5 milliards d'euros devrait permettre de financer des projets transnationaux. Outre le Royaume-Uni, seuls le Danemark, l'Irlande, le Portugal et Malte ont refusé de s'y joindre. Il s'agit de la première tentative réelle de mise en commun de leurs capacités militaires. Depuis l'abandon du projet de Communauté européenne de défense (CED) en 1954, les Européens n'étaient en effet jamais parvenus à s'entendre dans ce domaine.

Même si la mise en place d'une "*Europe à géométrie variable*" nécessiterait de réformer les traités existants, en supprimant par exemple l'exigence d'un vote à l'unanimité du Conseil (art.328§2 TFUE), il serait pourtant d'ores et déjà possible de multiplier le nombre de *coopérations renforcées* sans avoir à modifier leurs dispositions.

Quels pourraient donc bien être les avantages d'une « *Europe à plusieurs vitesses* » ?

Les partisans de ce qu'il convient également d'appeler une « *Europe différenciée* » estiment qu'elle permettrait de surmonter les blocages institutionnels, qui résultent du vote à l'unanimité ou de la difficulté à obtenir la « majorité qualifiée » au sein du Conseil, tout en rendant le processus de décision beaucoup plus flexible. Ils font également remarquer que, dans son fonctionnement actuel, l'Union ne parvient que trop rarement à dégager un consensus suffisamment large pour conférer une véritable légitimité à la plupart des mesures qu'elle est conduite à adopter.

Certains font également valoir que le recours à ce type de procédure constitue une excellente application du *principe de subsidiarité*, qui est progressivement devenu un principe essentiel en droit de l'UE, particulièrement depuis le Traité de Maastricht, qui réserve à l'Union les seules politiques qu'elle est en mesure de conduire de manière plus efficace que les États membres, tant au niveau central, qu'au niveau régional ou local (art.5§3 TUE) .

Le recours à ces « *coopérations renforcées* » permettrait donc de consolider tant la construction européenne que les États qui auraient volontairement décidé d'y participer. Il présenterait en outre l'avantage de leur reconnaître un espace de liberté qui, d'une manière générale, leur fait trop souvent défaut.

La réussite de ces expériences menées en commun par plusieurs d'entre eux ne pourrait manquer d'avoir un effet d'entraînement pour d'autres, ce qui ne manquerait pas de créer une véritable dynamique.

Certains feront sans doute valoir qu'une "*Europe à plusieurs vitesses*", quelques puissent en être les avantages, risquerait accentuer encore un peu plus les différences déjà existantes entre les États, avec d'un côté ceux qui participeraient à ces « *coopérations renforcées* » et de l'autre ceux qui n'en seraient pas et qui pourraient alors sembler en retrait, aboutissant ainsi à établir ou à accentuer une certaine hiérarchie entre eux.

Cette « *Europe à la carte* » ne pouvant alors que compromettre son unité. Mais n'est-ce pas déjà le cas ? Elle serait certes plus proche du modèle confédéral que fédéral, mais ne s'agirait-il pas là d'une position plus réaliste, car beaucoup plus proche des aspirations de la majorité des citoyens et de leurs responsables politiques ?

L'avenir est donc plutôt dans une Europe à « *géométrie variable* », qui permettrait aux États qui le souhaitent et qui bien sûr en ont la possibilité d'aller plus vite et plus loin que les autres dans un domaine déterminé, avec le plus souvent un effet d'entraînement sur leurs partenaires.

Renforcer les Etats pour consolider l'Europe, tel doit être désormais le choix de l'Union, qui tout en devenant moins contraignante n'en serait donc que plus efficace….

Conclusion

Il est donc devenu absolument indispensable de se battre *pour une autre Europe*, en tout cas pour une *nouvelle Europe,* qui soit capable de renouer avec les idéaux qui avaient prévalu à sa création en 1950 et qui accepte également de prendre en compte les erreurs qui ont progressivement entaché son image auprès des citoyens qui d'ailleurs adorent la détester, tout en la jugeant également indispensable !

Elle devra donc remettre les peuples qui la composent au cœur même de sa construction, à laquelle ils devront désormais systématiquement être associés, et placer l'économie à leur service et non l'inverse, tout en accordant une place beaucoup plus importante à la culture. Jean Monnet n'aurait-il pas dit à la fin de sa vie : « *Si c'était à refaire, je recommencerais par la culture* » ? Pour Robert Schuman l'«*Europe, avant d'être une alliance militaire ou une entité économique, doit être une communauté culturelle dans le sens le plus élevé du terme*»...

Même si dans certains domaines (lutte contre le terrorisme, la délinquance, le trafic de drogue, l'immigration clandestine...), il serait sans doute utile d'avoir "plus " d'Europe, cette nouvelle entité gagnerait à laisser aux États qui la composent beaucoup plus d'autonomie en leur laissant une plus grande marge de manœuvre. Elle ne peut pas en effet se construire contre eux, mais bien avec eux, tant ils en sont aussi bien les créateurs que les sujets.

Il lui faudra enfin affirmer son indépendance tant vis-à-vis des groupes de pression, que des grandes puissances, en particulier des États-Unis de la tutelle desquels elle devra enfin accepter de s'affranchir.

Pour y parvenir, il conviendra d'abord de rédiger un nouveau traité, qui remplacerait les trois qui sont actuellement en vigueur (TUE, TFUE et Euratom), tout en s'efforçant d'être plus court, plus simple et plus facilement compréhensible par le plus grand nombre.

Ensuite tout sera question de volonté politique

Il s'agit de la seule solution pour sauver ce qui reste de l'Union, sachant que rien n'est jamais perdu et que malgré les oppositions et les difficultés de toutes sortes, *une autre Europe est possible...*

Table des matières